大学生积极心理健康教育

王凤姿　主编

陈小威　主审

人民交通出版社股份有限公司
China Communications Press Co.,Ltd.

内 容 提 要

本书根据积极心理学领域的前沿研究、高职教育的新时代特点和要求组织编写而成。以积极心理学为理论导引，结合大学生心身发展特点与规律，关注学生大学学习、生活、人际、情感等多个主题，涉及积极认知、积极自我意识、积极人际关系、积极学习、积极身体行为、积极人格、积极情绪、主观幸福感等方面的内容，基本覆盖了大学期间学生将会面临的各种热点与焦点问题。

图书在版编目(CIP)数据

大学生积极心理健康教育 / 王凤姿主编. — 北京 ：人民交通出版社股份有限公司，2019.8

ISBN 978-7-114-15773-8

Ⅰ.①大… Ⅱ.①王… Ⅲ.①大学生—心理健康—健康教育—高等职业教育—教材 Ⅳ.①G444

中国版本图书馆 CIP 数据核字(2019)第 172688 号

书　　名：**大学生积极心理健康教育**
著 作 者：王凤姿
责任编辑：赵瑞琴　郭晓旭
责任校对：孙国靖　扈　婕
责任印制：张　凯
出版发行：人民交通出版社股份有限公司
地　　址：(100011)北京市朝阳区安定门外外馆斜街 3 号
网　　址：http://www.ccpress.com.cn
销售电话：(010)59757973
总 经 销：人民交通出版社股份有限公司发行部
经　　销：各地新华书店
印　　刷：北京印匠彩色印刷有限公司
开　　本：787 × 1092　1/16
印　　张：9.75
字　　数：220 千
版　　次：2019 年 8 月　第 1 版
印　　次：2019 年 8 月　第 1 次印刷
书　　号：ISBN 978-7-114-15773-8
定　　价：35.00 元
(有印刷、装订质量问题的图书由本公司负责调换)

编审委员会

主　　　编：王凤姿

主　　　审：陈小威

编委会成员（以专题先后为序）

王凤姿　广东行政职业学院心理健康教育与咨询中心

李子恒　广东行政职业学院学生处

刘钊泉　广东岭南职业技术学院心理咨询中心

陈秀兰　广州番禺职业技术学院心理健康教育中心

李筱曼　广东行政职业学院学生处

黄秋霜　广州南洋理工职业学院心理健康教育中心

李小纳　广东碧桂园职业学院学前教育教学部

蔡贤师　广东行政职业学院学生处

郑　娟　广东省外语艺术职业学院心理健康教育与咨询中心

刘　敏　广东工贸职业技术学院心理咨询中心

郑士林　广东行政职业学院学生处

罗　丽　广州工商学院心理健康教育与咨询中心

陈梦婷　广州工商学院经济贸易系

前　言

2000 年 1 月，马丁·塞利格曼（Martin E. P Seligman）和米哈依·西克赞米哈依（Mihalyi Csikzentmihalyi）联合发表《积极心理学导论》一文，标志着积极心理学新思潮的兴起。积极心理学针对的是过去传统的“消极心理学”，反对过分关注人的心理缺陷、弱点、无能和精神疾病。主张研究人类的积极品质，充分挖掘人类固有的潜在的建设性力量，促进个人和社会的发展，使人类和谐幸福。积极心理学试图用全新的观念和开放的态度来解释和实践心理学。

2016 年 12 月，在全国高校思想政治工作会议上，习近平总书记发表重要讲话时强调：“要坚持不懈促进高校和谐稳定，培育理性平和的健康心态，加强人文关怀和心理疏导，把高校建设成为安定团结的模范之地。”❶ 2018 年 7 月，教育部党组印发《高等学校学生心理健康教育指导纲要》（教党〔2018〕41 号），明确提出：“心理健康教育是提高大学生心理素质、促进其身心健康和谐发展的教育，是高校人才培养体系的重要组成部分，也是高校思想政治工作的重要内容。”要求健全心理健康教育课程体系，实现大学生心理健康教育全覆盖；完善心理健康教育教材体系，组织编写大学生心理健康教育示范教材，科学规范教学内容。应坚持育心与育德相统一，加强人文关怀和心理疏导，规范发展心理健康教育与咨询服务，更好地适应和满足学生心理健康教育服务需求，培育学生自尊自信、理性平和、积极向上的健康心态，促进学生心理健康素质与思想道德素质、科学文化素质协调发展。

高职教育不仅要培养学生的专业技能，更肩负着对学生自尊自信、理性平和、团结向上等健康心态的培育、良好心理素质的训练以及积极心理能量激发的职能。本书正是根据积极心理学领域的前沿研究、高职教育的新时代特点和要求组织编写而成的。

全书以积极心理学为理论导引，结合大学生心身发展特点与规律，关注学生大学学习、生活、人际、情感等多个主题，涉及积极认知、积极自我意识、积极人际关系、积极学习、积极身体行为、积极人格、积极情绪、主观幸福感等方面的内容，基本覆盖了大学期间学生将会面临的各种热点与焦点问题。

2019 年 3 月，在学校思想政治理论课教师座谈会上，习近平总书记提出“八个统一”的具体要求，即政治性和学理性相统一，价值性和知识性相统一，建设性和批判性相统一，理论性和实践性相统一，统一性和多样性相统一，主导性和主体性相统一，灌输性和启发性相统一，显性教育和隐性教育相统一。❷ 本教材在内容选取、编排风格上

❶ 见 2016 年 12 月 8 日人民网公开报道。

❷ 见 2019 年 3 月 21 日人民网公开报道。

也力争达到“八个统一”的要求。全书以专题形式编排内容,每个专题下设有心灵故事、心理训练、案例报告、知识链接、拓展阅读等栏目。各栏目将学生在课堂中的学习、感悟和课外的实践、拓展串联起来,做到学有所悟、学有所获并学以致用。各栏目的要旨如下:

心灵故事　选用生动活泼、浅显易懂而寓意深远的心理故事作为专题导入,激发同学们的求知欲和学习热情。

心理训练　借助简洁活泼的训练形式,诠释抽象深刻的道理,从而深化内在感悟,充分发挥自身潜能。

案例报告　嵌入相关案例,既有利于同学们对知识的消化吸收,又增强了阅读的乐趣。

知识链接　延伸本专题相关知识,开阔读者视野,扩充知识面。

拓展阅读　将书本知识和课外阅读有机结合,培养学生阅读兴趣,增进认知水平,进一步提升积极心理品质。

全书由广东行政职业学院王凤姿副教授担任主编,负责制订编写方案、设计体例风格、统筹编写人员、审定校对文稿。具体专题编写分工为:王凤姿编写专题1,李子恒编写专题2,刘钊泉编写专题3,陈秀兰编写专题4,李筱曼编写专题5,黄秋霜编写专题6,李小纳编写专题7,蔡贤师编写专题8,郑娟编写专题9,刘敏编写专题10,郑士林编写专题11,罗丽编写专题12,陈梦婷编写专题13。

在编写过程中,编写人员参考了国内外诸多文献资料,引用了相关研究成果,谨此对相关著作权人和研究者致以衷心感谢。因篇幅限制,对未能列出的参考文献著(编)者,一并致歉并深表谢意。

本书编写者均为年轻教师,他们的知识和经验有限,因此书中难免存有缺陷和疏漏,恳请读者批评指正!

广东行政职业学院党委副书记　陈小威

2019年9月

目　　录

◆◆专题1　积极心理健康教育◆◆

女儿播下的“积极种子”

美国心理学家马丁·塞利格曼，虽然写了很多有关儿童的书籍，但在现实生活中与孩子并不算太亲密，他工作繁忙，实在没有太多的时间同孩子交流。

一天，塞利格曼与五岁的女儿尼奇在花园里播种。花园里，尼奇非常兴奋，不时将种子抛向天空。塞利格曼叫她不要乱来。尼奇却跑过来对他说：“爸爸，我能和你谈谈吗？”“当然。”他回答说。

“爸爸，你还记得我五岁生日吗？从懂事以来，我就一直在抱怨，每天要么这个不好，要么那个糟糕。当我五岁的时候，我决定不再抱怨了。这是我做过的最困难的决定。如果我不抱怨，你能不能别再像以前那样郁闷了？”

塞利格曼灵光乍现，仿佛得到了神灵的启示。

他意识到，是尼奇自己矫正了自己的抱怨。培养尼奇意味着看到她的内在潜能，培养她的优秀品质，激发她的内在力量。抚养孩子不是看她的弱点，而是发现和塑造她的优点。也就是说，了解他们所拥有的优秀品质，把这些优秀品质变成幸福生活的动力。从此以后，塞利格曼的生活发生了巨变。在过去的岁月里，他一直生活在压抑、沉闷的氛围中，很不快乐。从那一刻开始，他决定让积极的情绪作为心灵的主导，满怀热情、充满阳光地生活。此后，塞利格曼将这种关注人的优秀品质、培养人的美好心灵的心理学，称为积极心理学。

专题1.1　积极心理学概述

一、积极心理学简介

（一）积极心理学的兴起

积极心理学（Positive Psychology）领域，是马丁·塞利格曼教授和他的同事在20世纪90年代开发的一种新的心理学研究领域。它不同于传统心理学，其重点是预防和治疗个人的心理缺陷、不足、无能和精神疾病。积极心理学将研究视角转向人类健康和幸福、潜能开发、和谐发展等积极方面。激发个人的积极力量，培养乐观情绪，提高优秀品质，塑造健全个性，促进个体健康发展和幸福成功，是其理论的神圣使命和根本目标。

(二)积极心理学的研究内容

当前，积极心理学的研究主要集中在以下三方面：主观水平上的积极体验研究、个人水平上的积极人格特质研究和群体水平上的积极社会环境研究。

1. 积极主观体验的研究

积极情绪是积极心理学研究的一个重要领域，它主张研究个人对待过去、现在和未来的积极体验。在对待过去的时候，我们主要研究的是满意、满足等积极体验；在对待当下的问题上，我们主要研究幸福、快乐等积极体验；在对待未来的问题上，我们主要研究乐观、希望等积极体验。

(1)回顾过去——幸福而满足

关于幸福的心理研究主要以主观幸福感为指标。主观幸福感是指个人对其生活质量的情感和认知的总体评价。幸福感不仅是为了获得快乐，也是为了发挥自己的潜力而达到的完美体验。研究发现，决定我们幸福感的不是发生的事情，而是人们如何看待发生的事情，如何解释和评价发生的事情。各种社会关系及个体的人格特质都是影响幸福感的重要因素。

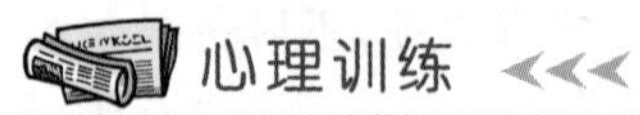
心理训练

记录感恩

研究表明，每天把那些值得感恩的事情记录下来的人(每天写下至少5件值得感恩的事)，身体更健康，内心更幸福。现在，就让我们细数感恩，记录值得感恩的事情。

每晚入睡前，写下当天发生在自己身上的5件让你因感恩而快乐的事情，这些事可大可小，从一顿宵夜到与一位好友畅谈，从日常工作任务到一个有意思的想法，这些都可以写下来。在写的过程中，去想象当时的体验和感受，以保持你情感体验的新鲜。

你可以自己做这个练习，也可以与你所爱的人一起完成，如父母、兄弟姐妹、恋人等，共同表达对生活的感恩可以增强彼此亲密、和谐的关系。

(2)面对今天——快乐而充盈

研究发现，尽管每个年龄段都有不快乐的人，但也有很多快乐的人。快乐和不快乐的人之间的区别就在于，他们的感知、判断、动机和策略上存在差异，而这种差异往往是自动产生的，并没有被意识到，主要表现在快乐的人对社会性信息较那些不快乐的人稍微迟钝一些。

幸福与金钱有关吗？一些学者对《福布斯》榜单上最富有的100位美国人进行了调查，发现他们只比普通美国人快乐一点点。也有人感到很不开心，有的甚至说不记得快乐的感受了。因此，可以看出，财富对幸福的影响很小。究其原因，一些学者认为，可能是由于生活事件、环境及人口组成等因素在幸福感中所起的作用被差异中和了。

(3)憧憬未来——现实而乐观

乐观是促进希望和乐观增长的关键，乐观可以使人们更加关注好的事物。乐观主义者更容易拥有好的心情，更努力地工作从而取得更大的成功，并拥有更健康的身体。乐观的作用主要是调节认知水平，乐观主义者更可能学会养成健康的习惯，获得更多的社会支持。

2. 积极人格特质的研究

积极心理学是以人的自我管理、自我导向和有适应性的整体为前提理论假设的。积极的人格特征是积极心理学的基础。该理论认为,积极的人格特征主要是通过个人的各种现实能力和潜在能力来激励和强化的。当被激励和强化为习惯性的工作模式时,就会形成积极的个性特征。在研究了各种积极的人格特征后,可以发现关注较多的是自我决定论和乐观。随着积极心理学的发展,人格特质的研究范围也将越来越广。

3. 积极社会环境的研究

积极心理学非常重视社会背景下的人及其体验的再认知,意识到积极团体和社会机构对于个人健康成长的重要意义。Francis Bacon 认为,与能交流思想的朋友和搭档接触有两个好处:"它使快乐加倍,并将痛苦减半。"确实,当同别人一起时会感到更快乐些。当被调查问及:"你拥有多少亲密朋友(不包括家庭成员)?"报告中有 26% 的人少于 5 个朋友,38% 人有 5 个以上的朋友,并说他们感到"很快乐"。

不同文化对人的生活满意度的判断的感觉有很大的差别。在个人主义文化为主的国家中,当判断自己有多快乐时,会理所当然地参照他们的情感,经常感受到快乐是生活满意度的一个预测因子。相反,集体主义文化下的人们则倾向于参照一定的标准来判断他们是否快乐,并且在评估生活时,会考虑到家庭和朋友的社会取向。因此,在不同文化中,人们认为与生活满意度相关的因素也是有差别的,这或许源于文化对人们的价值观和目标带来的影响。

(三)积极心理学的功能

积极心理学具有积极增进、积极预防和积极治疗三大功能,如表 1-1 所示。这些功能都是通过积极干预即培养积极情绪和增强积极人格来实现的。

积极心理学的功能　　表 1-1

功　能	具体阐述
积极增进	心理健康不应仅是没有心理疾病,而应是心理和精神上的强健有力、生机勃勃的状态。心理学不仅要帮助正常人过上更丰富、更令人满意的生活,而且要帮助那些心理障碍者也过上快乐的生活
积极预防	积极心理学重视心理疾病的预防,认为如果在人们状态好的时候采取行动,就会省去不少麻烦。积极心理学发现,积极人格特质,如理性、乐观、诚实、坚韧、勇气、洞察力、现实主义、安适、发现目标、心系未来等,具有预防或缓解心理疾病的作用。识别和增强这些积极的人格特质,能有效预防心理疾患
积极治疗	积极心理学认为,最好的治疗不能仅是医治创伤,更应该帮助人们认识和增强其人格力量及优势。采用积极心理学的方法,有助于直接或间接地缓解痛苦,消除引发心理疾病的根源

知识链接

积极心理学正应时所需

不同时代不同地域的人都在追求幸福的真谛。柏拉图为研究"美好生活"而建立学院,亚里士多德为推动生命繁荣而设立讲堂,中国的孔子则周游列国传播他对追求充实生活的理想。

近年来,心理学大师所撰写的有关如何获得幸福的书籍,已经占据了世界各地书店和大型书展的显要位置。尽管人们对幸福的热情和实践从未停止,然而,对积极心理学的需求却从未像当今社会这般迫切。在经济发达的美国,如今抑郁症的患病率比20世纪60年代高出10倍,而发病年龄也从60年代的29.5岁下降到今天的14.5岁。在英国,虽然近半个世纪以来,其国民平均收入提高了3倍,幸福度却大幅下降:1957年尚有52%的人表示自己感到非常幸福,到2005年只有36%的人报告说感到幸福。中国的经济发展异常迅猛,而与此同时,儿童和成年人焦虑症和抑郁症的患病率同样也在急剧上升。中国卫生部的报告称"我国儿童和青少年的精神卫生状况的确令人担忧"。

二、积极心理的获得方式

积极心理能通过教育的方式获得吗?研究者们对这个问题进行了理论和实践两方面的回答。从理论上来说,塞利格曼教授在研究中发现,既然无望、抑郁、沮丧、退缩、压抑等消极品质能通过学习获得,成为"习得性无助"的受害者。那么,乐观、积极、愉悦等积极品质也能通过学习获得,即可以从"习得性无助"转化为"习得性乐观"。这种教育观念也得到了来自实验研究的证据支持。塞利格曼等人进行了一系列的实证研究,探讨了积极心理干预的效果、积极心理干预的方式、积极心理干预在不同人群中的应用。

(一)习得性无助

"习得性无助"这一概念是塞利格曼在研究动物时发现并提出来的。

1967年,塞利格曼和他的同事用狗做了一项经典实验。他们将参与实验的狗分成了三组。在实验的第一个阶段,三组狗都被放在一个接着电线的箱子中,每个箱子都安装了电击装置和一个开关。这个装置可以给狗所踩的板子施加一定程度的电击,电击的强度刚好能够引起狗的痛苦,但不会使狗受伤。蜂鸣器一响,第一组和第二组的狗都会被施加电击。第一组的狗碰到箱子上的开关时,电击就会停止。而第二组的狗无论怎样触碰开关,电击都不会停止。第三组作为对照组,不对狗施加电击。研究者发现,第一组的狗在遭受电击后,四处跑动,触碰开关后电击停止。第二组的狗在刚刚遭受电击时也会拼命挣扎,想逃出箱子,然而无论怎样努力都无法逃避电击。随后,它挣扎的激烈程度便越来越小,似乎不得不忍受电击。

在研究的第二阶段,研究者将这三组狗都放进另一个中间有隔板的箱子中。隔板的一侧有电击,而另一侧没有,隔板的高度是狗可以轻易跳过去的。那么,狗会跳过隔板躲避电击吗?答案是出乎意料的。研究者发现,第一组和第三组的狗很快学会跳过隔板,轻而易举地避开了电击。然而,第二组的狗在电击开始后的前半分钟惊恐了一阵子,然后就一直卧倒在地呻吟颤抖,被动承受电击带来的痛苦,根本不去做逃避的尝试。甚至它一听到蜂鸣器响,就会倒在地上,这时即使打开箱门,它也不会逃脱,仿佛已经绝望了。

塞利格曼把这种现象称之为习得性无助,指当动物和人类反复面临某些不可预测、无法控制的厌恶刺激时,很容易形成某种认知和预期,即自己的行为对周围的环境不起任何作用。习得性无助产生后,通常会表现为动机水平降低,出现被动、消极和对什么都不感兴趣,形成对外部世界不可控的心理定式,并出现情绪失调,最初表现为忧虑和烦躁,之后出现冷淡、悲观,甚至陷入抑郁。因"习得性无助"而产生的绝望、抑郁和意志消沉,是许多心理问题和行为问题产生的根源。

（二）习得性乐观

爱迪生为发明耐用的电灯灯丝，先后做了1600多次耐热材料和600多种植物纤维的实验，经历了无数的挫折与失败，承受了众多非议与嘲笑。然而，所有这些并没有让他退却，反而让他越挫越勇，终于制造出第一个可以一次燃烧45小时的碳丝灯泡。后来，经过改良，又推出了可以一次燃烧1200小时的竹丝灯泡。

为什么爱迪生在反复的失败后并没有产生习得性无助呢？研究发现，确实有些人在经历失败后变得失意、无助，但也有些人在反复的失败之后仍然积极乐观。塞利格曼推论：既然压抑、退缩等消极特性能够通过一定的学习而习得，那么乐观、进取等积极品质也一定可以通过学习而获得，即习得性乐观。塞利格曼指出，人们通过后天的学习和有针对性的培养，可以将悲观的归因方式转为乐观的归因方式。例如，有意识地改变自己平常的习惯想法（内心的信念），那自己对不愉快事件的悲观性应对就会发生改变，从而变得振奋，充满活力，这就是习得性乐观。

专题1.2 健康与心理健康概述

一、健康新观念

（一）什么是健康

现代人常说，健康是"1"，其他所有的财富、地位、家庭、事业、美丽等不过是其后面的"0"，只要有"1"，后面的"0"越多，认定成就就越大；但是如果没有了"1"，就一切都没有了。健康是每个人都渴求的，但并非每个人都对健康有一个正确的认识。

长期以来，人们认为健康就是没有疾病，认为身体强壮、精力充沛的人，就是健康的人。这种诠释更多的是从生物学的角度出发，并停留在躯体层面。

随着社会的发展和进步，心理因素对健康的影响越来越受到人们的重视，同时，健康的概念也在不断演变。1948年，世界卫生组织给健康下了一个全新的定义："健康不仅仅是没有疾病，而且是一种生理上、心理上和社会适应上的完美状态。"

（二）健康的标准

为了加深人们对健康的认识，在修订健康概念的基础上，世界卫生组织还提出了健康的10条标准。

①精力充沛，能从容不迫地应付日常生活和工作的压力而不感到过分紧张和疲劳。

②处事乐观，态度积极，乐于承担责任，事无巨细不挑剔，工作有效率。

③善于休息，睡眠良好。

④应变能力强，能适应环境的各种变化。

⑤具有抗病能力，能够抵抗一般性感冒和传染病。

⑥体重得当，身材均匀，站立时头、肩、臂位置协调。

⑦眼睛明亮，反应敏锐，眼睑不发炎。

⑧牙齿清洁,无空洞,无龋齿,无痛感;齿龈颜色正常,不出血。

⑨头发有光泽,无头屑。

⑩肌肉、皮肤富有弹性,走路轻松有力。

(三)健康的五个层次

随着健康观念的发展,至2000年,世界卫生组织在原来的身体健康、心理健康、社会适应性良好的基础上,又补充了道德健康和生殖健康。至此,健康涵盖了五个层次,具体如表1-2所示。

健康的五个层次 表1-2

健康层次	具体阐述
身体健康	身体健康是指没有疾病或身体不处于虚弱状态,人体各组织器官结构完整,发育正常,功能良好,生理生化指标正常。身体健康是健康的基本层次
心理健康	心理健康指身体、智力、情绪十分调和,能适应环境,人际关系和谐,有幸福感。在工作中,能充分发挥自身潜能,将个人心境调整到最佳状态
社会适应性良好	社会适应性良好指一个人的心理活动、行为举止能适应外部环境的变化,被他人所理解和接受,个人行为与社会规范协调一致
道德健康	道德健康指不能为了私利而去侵犯他人的利益,不能为了自己的健康而去损害别人的健康,有辨别真伪、善恶、美丑等是非观念,能用社会行为的法规和准则来约束自己
生殖健康	生殖健康指生殖系统及其他功能和在整个生殖过程中的体质、精神和社会适应性等方面处于良好状态,包括生育调节、母婴安全健康、生殖系统疾病预防、性保健及性病防治等方面

二、心理健康概述

(一)什么是心理健康

从长期重视生理健康到逐渐关注心理健康,人们的认识发生了重大变化。随着观念的改变,心理健康在健康中的地位也变得越来越重要,从某种程度上说,心理健康已成为人类健康的"核心"。什么是心理健康呢?从广义上讲,心理健康是一种持续高效而满意的心理状态,主要目的在于预防和调适心理障碍或行为问题;从狭义上讲,心理健康指人的基本心理活动过程完整、协调一致,即知、情、意、行的统一,人格完善协调,社会适应良好。心理健康有生理、心理和社会行为三方面的积极意义。

从生理上看,一个心理健康的人,其身体状况特别是中枢神经系统应当没有疾病,功能正常。脑是心理的器官,心理是脑的机能。健康的身体尤其是健全的大脑乃是健康心理的基础,只有具备健康的身体,个人的情感、意识、认知和行为才能正常运作。

从心理上看,心理健康的人不仅各种心理功能正常,而且对自我通常持肯定态度,有自知之明,清楚自己的潜能、长处和缺点,并发展自我。能估计生理需求又能估计社会道德的要求,能面对现实问题,积极调适,有良好的情绪感受和心理适应能力。

从社会行为上看，心理健康的人能有效地适应社会环境，善于处理人际关系，行为符合生活环境中文化的要求，角色扮演符合社会期待，与社会保持良好接触，并能对社会负责和有所贡献。

（二）大学生心理健康的标准

根据大学生的年龄特征、心理特征和社会特征，大学生心理健康的标准可以概括为以下几个方面。

1. 智力正常

一般人的智商在80分以上，这是人们学习、生活与工作的基本心理条件，也是适应周围环境变化所必需的心理素质。

2. 情绪健康

情绪健康的标志是情绪稳定和心情愉快。具体表现为：正面情绪多于负面情绪，乐观开朗，富有朝气，对生活满怀希望；善于控制与调节自己的情绪，既能克制又能合理宣泄；情绪反应与环境相适应。

3. 意志健全

意志是人在完成一种有目的的活动时，所进行的选择、决定与执行的心理过程。意志健全者在行动的自觉性、果断性、坚强性和自制力等方面都表现出较高的水平。意志健全的大学生在各种活动中都有自觉的目的性，能适时地做出决定并运用切实有效的方法解决所遇到的问题；在困难和挫折面前能采取合理的反应方式；能在行动中控制情绪和行为，而不是盲目行动、畏惧困难、顽固执拗。

4. 人格完整

具有健全统一的人格，即个人的所想、所说、所做都是协调一致的。具有正确的自我意识，积极进取的人生观，并以此为中心把自己的需要、目标和行动统一起来。

5. 自我评价正确

正确的自我评价是大学生心理健康的重要标志。大学生要学会恰如其分地认识自己，摆正自己的位置，既不以自己的优势而自傲，也不以自己的劣势而自卑。能做到自尊、自强、自制、自爱，正视现实，积极进取。

6. 人际关系和谐

人际关系和谐表现为：乐于与人交往，既有广泛而深厚的人际关系，又有知心朋友；在交往中保持独立且完整的人格，有自知之明，不卑不亢；能客观评价别人和自己，善于取长补短；宽以待人，乐于助人；交往动机端正，交往态度积极。

7. 社会适应正常

个体能客观地认识现实环境，以有效的办法应对现实环境中的各种困难，不退缩。还能根据现实环境的特点和自我意识的情况努力进行协调，或改善现实环境适应个体需要，或改造自我适应现实环境。

8. 心理行为符合年龄特征

不同年龄阶段具有不同的心理和行为特点，心理健康者应具有与多数同龄人相一致的心理行为特征，如果严重偏离，就是不健康的表现。

知识链接

心理健康是幸福的重要指针

追求幸福人生是许多人的梦想,但什么是幸福的指针呢?一项对16个欧洲国家进行的最新调查指出:血压高低是心理健康与否的重要判断标准。调查发现,包括瑞典、荷兰、丹麦、英国等幸福指数较高的国家,他们的国民较少有血压问题。

调查结果显示,心理健康最佳的欧洲国家依序是丹麦、荷兰、瑞典和卢森堡;而最糟的国家则是意大利、希腊及法国。调查发现,意大利、德国、葡萄牙及芬兰等国的民众,有较严重的血压问题,和心理健康的调查结果交叉比照后,发现血压高低与幸福指数正好成反比。布兰克佛洛表示:“较幸福的国家,看来似乎较少有高血压问题。”

报告同时发现,在社会福利制度较健全的国家,诸如丹麦等北欧国家,良好的照护制度降低了民众的不安全感及恐惧感,快乐指数也因此提高;而意大利的失业保险制度较差,民众对生活的前景较为忧心,快乐指数相对也偏低。

专题1.3 积极心理健康教育概述

一、积极心理健康教育的概念

积极心理健康教育理论认为,既往的心理健康教育将重点放在“心理疾病的诊断和解除痛苦”上,关注学生的问题和问题学生,忽视了人的潜能开发和积极心理品质的培养,是一种治标不治本的教育。心理健康教育的未来发展方向应是在诊断性和矫正性心理健康教育的基础上,大力推行积极心理健康教育,对人性秉持积极的评价取向,增进个体的积极因素,开发内在潜能,以人固有的、实际的、潜在的和具有建设性的力量、美德和善端为出发点,用积极的心态来对人的心理现象(包括心理问题)进行解读,从而激发人自身内在的积极品质,让个体学会创造幸福,分享快乐,使自身潜能得到最大限度发挥,保持生命最佳状态,从而提高心理免疫力和抵抗力。

由此可见,积极心理健康教育是在积极心理学理论的指导下,通过在教育活动中增加学生的积极体验,激发积极力量,优化心理品质,最大限度地挖掘其心理潜力并获得良好生活,使个体生命更富有意义的教育活动。

二、积极心理健康教育的意义与价值

(一)预防心理问题的出现

生活中,我们经常看到这样的情况:经历同样创伤事件的人,有的会因条件反射出现某种心理问题,而有的却能免受创伤事件的影响,继续平静地生活。为什么会有这种差异呢?积极心理学将其解释为：面对相同的情境，个体先前的积极经验可以保护其免受后来创伤事件的影响，就像注射疫苗使儿童对一些疾病免疫一样，先前的积极经验也能使我们对心理问题产生一定的免疫性。通过积极心理健康教育，培养学生乐观、希望、感恩、幸福感、宁静等积极心理品质，相当于给他们的心灵注射疫苗，从而在生活中遇到困难、挫折及失败时能进行免疫。

（二）促进个体的全面发展

学校教育较为重视学生智力、学业成就、特长等方面的培养，对学生积极情绪培养、心理韧性提升与乐观、希望、宽容等个性培养甚少关注。通过积极心理健康教育，培育学生的心理资本，有利于构建个体心灵更完整的结构。既包括“智”的发展，也包括“心”的发展。通过“智”的发展培养出来的形象思维和逻辑思维能力、聚合思维和发散思维能力、阅读能力、计算能力、写作能力以及操作技能，构成了个体的硬实力。通过“心”的发展培育出来的乐观、韧性、希望、爱、责任感、主观幸福感等构成了个体的软实力。两种能力相互促进，协同发展，共同促进个体心智的成熟和完善。

你在哪些方面是厉害的呢？

积极心理健康教育，帮助人们把目光聚焦在自己的长处而不是短处，在正视自身不足的基础上，关注并重视自己所擅长的东西，从而形成正确的自我认知，促进个体全面健康发展。

一个叫小欢欢的小女孩，有一天很苦恼地问她妈妈：“我是不是很白痴啊？”妈妈问她：“为什么这样说？”小欢欢说：“我们班同学说的很多事，我都不懂。他们不仅懂很多生活方面的事，还能发现别人的心理感受，我却什么都感受不到。我也没有好的人缘，不像有的同学那样人人都喜欢。”妈妈说：“你觉得你在哪些方面是厉害的呢？”小欢欢眼睛一亮说：“我学习好，我上课最专心，我阅读的书籍多，我的表达能力和理解能力也很强。”妈妈说：“对啊。你有这么多优点还认为自己是白痴吗？”小欢欢马上自信地笑了。妈妈继续对她说：“既然你已经发现了自己的不足，那就要向有这方面优点的同学学习，在生活中用心提高。人人都有优点，也都有缺点。只要不断加强和完善自身优点，努力改正不足，就一定会越来越优秀。”

（三）构建个体的幸福生活

人生最终的目的都是为了获得幸福的生活，成就美好人生。物质富足是愉悦的生活，但愉悦的生活并不是美好的生活。所谓美好的生活，必须是投入的生活，个体能全身心投入到他们所从事的事情中，通过发现并发挥自己的优势和美德，从而获得真实的幸福和丰富的满足感，从而尽情地体验到“心理流畅”。而最高层次的幸福生活则是有意义的生活，个体在各种生活事件中寻找生命的意义。人到了某一个时刻，总会开始思考，生命的目的是什么，我如何实现人生的意义和价值，从而将生命与更宏大的目的连接上，这个目的越是超越了自身，生活就越有意义。有意义的生活可以让你选择将自己的优势应用于增加知识、力量和美德上，从而孕育出属于自己的幸福生活。

专题 1.4　大学生积极心理品质的培养

一、大学生积极心理品质概说

(一)大学生积极心理品质

我国学者孟万金、官群在大样本测量的基础上，运用因素分析的方法对中国大学生积极心理品质的结构和维度进行探究。结果发现:我国大学生积极心理品质有着由 6 大维度 20 分项组成的多维度结构,如表 1-3 所示。由此可见,大学生的积极心理品质是多维的,是包含个体思想、感情和行为等各方面的一系列积极品质的集合。

中国大学生积极心理品质的结构和维度　　表 1-3

维　度	品　质
认知	创造力、好奇心、热爱学习、思维力
人际	真诚、勇敢坚持、热情
情感	感受爱、爱与友善、社交智慧
公正	团队精神、正直公平、领导能力
节制	宽容、谦虚、审慎、自制
超越	心灵触动、希望与信念、幽默风趣

(二)大学生积极心理品质的作用

1. 专业学习的内燃机

学习是人类最艰苦的心理活动,在人生漫长的学习过程中,只有善于自我调整,较长时间地持有良好的心理状态和积极品质,才能保持学习热情与自信,从而保证学习的效率和质量。

2. 健康成长的催化剂

经济社会发展的需求是大学生成长的根本动力,大学生不仅要意识到这种动力,更要将这种动力转换成积极心理品质,如社会责任感、时代使命感、创新创造精神等,以极大的热情和责任投身社会实践,奉献个人力量。

3. 事业发展的防护伞

积极心理品质作为非智力因素,是个体事业发展和成功不可或缺的重要组成部分。当代大学生要想顺利成长,实现自我价值,奉献社会,不仅要有强健的体魄、良好的智商、和谐的人际关系,更需要具备积极的心理品质。

二、大学生积极心理品质的培养

(一)学校层面的积极心理健康教育

1. 合理利用现有的教育资源

将积极心理教育理念融入专业课程的教学实践中,提炼出与之相关的知识联系点,进行扩展式综合型授课,培养学生创造力、思维力、合作力等积极心理品质。

2. 构建积极向上的校园文化

将积极心理品质的培养元素加入各种校园内外活动中，丰富校园生活的同时营造积极向上的校园氛围，有助于同学们较长时间保持积极的心理状态，培养他们真诚与友善、宽容与爱等积极心理品质。

3. 建设心理网络教育平台

科学信息技术发达的今天，网络已经完全融入大学生学习、生活和娱乐中，多元化的网络信息严重冲击着学生现有的价值观念。高校要善于运用网络的开放性和共享性，利用网络上内容丰富、形式多样的积极心理教育资源，对学生进行积极心理品质培育。

（二）个体层面的积极心理品质培养

1. 掌握心理健康知识

积极参加学校开设的有关心理健康知识的课程与专题讲座，阅读有关书籍和杂志，查询心理网站，收听、收看有关广播和影视节目等。这些可以帮助我们尽快了解和掌握与自身心理健康有关的知识，提高自我洞察力，挖掘自身潜能，优化心理品质。

2. 充分认识自己并悦纳自己

全方位、多途径了解自己，有恰当的自我意识，充分认识自我，并积极悦纳自我，既不盲目自信，也不妄自菲薄，以此培养洞察力和爱的能力等积极心理品质。

3. 学会管理调适情绪

建立理性的认知方式；学会以适当的方式宣泄不良情绪；培养自己的各种兴趣爱好，积极参加有益身心的活动，使谦虚、友善、持重、合作等积极心理品质得到锻炼提升。

4. 积极与人交往

积极与人交往互动，可以增进彼此的了解，获得更多的知识和信息；也有利于更快融入集体，消除孤独感，促进人与人之间的宽容、友善，提高领导力与合作精神。

《幸福的方法》

《幸福的方法》一书，由美国泰勒·本-沙哈尔博士撰写，旨在教会人们如何获得幸福人生。泰勒博士是哈佛大学最受欢迎的幸福课讲师，作为该课程的图书版，《幸福的方法》一定能够帮助你树立正确的幸福观，实现个人幸福、家庭和美、社会和谐。

本书作者将人生分为四种类型，其中不幸福的三种类型分别是：享乐主义型——放纵自己、及时行乐；忙碌奔波型——牺牲眼前快乐，只着眼于未来目标；虚无主义型——对一切都失望，无所作为。作者认为只有找到自己的真正使命并努力发掘出自己的潜力，全然地投入到生活中，才能最终达到第四种状态：感悟幸福型。幸福，是可以通过学习和练习获得的；同时，幸福也是一个需要永不间断追求的过程。幸福的人生态度应该是既为了自己的目标不懈奋斗，又享受当下的每分每秒。每一位读者若能按书中的方法去思考人生并坚持练习，便能够踏上持久快乐、充满幸福和满足感的旅程。

专题2 积极适应

物竞天择,适者生存

众所周知,由于氧气稀薄,深海里很多动物为了生存不得不根据深海里的环境来进化自己,它们尽量减少活动或者干脆不动,长期蛰伏在一处,以减少身体对氧气的需求。所以,尽管深海的生存环境恶劣,但还是有不少动物顽强地生存了下来。最近,美国克雷格·麦克莱恩领导的一项研究发现,生活在深海里的动物渐渐减少,原因竟然不是因为氧气的减少而是因为氧气的增多。

在南加州海域,导致许多深海动物消失的直接原因就是因为移植了大量含氧海藻。人们以为含氧海藻能够改善深海动物的生存环境,恰恰相反,含氧海藻反而害了那些动物。因为含氧海藻是一种能够在深海里制造氧气的植物,其造氧量是普通海藻的100倍。

按照常理来说,增加了氧气的深海对鱼类应该是一件有益的事,但是那些长期蛰伏于一处,千百年来都不动的深海动物,已经适应了这样缺氧的环境。突然有新鲜的氧气注入,一时间不适应,便容易产生氧气中毒。如果想避免氧气中毒,方法只有一个,那就是迅速改变原有的生活习惯,把静止改为动态。它们只有不停地在深海里游动,才能够加速呼吸,让过量的氧气排出体外。只有这样,过量的氧气不但对它们构成不了威胁,反而会让它们更加具有活力。

所以,生活在深海中的动物很快便会分为两种:一种因为无法改变自己原有的“懒散”的生活习性而变得无所适从,甚至生命都将被“淘汰”;而另一种则一改往日的静止状态而快速行动起来,因为适应了由大量氧气注入的新环境而变得“如鱼得水”。

综上所述,克雷格·麦克莱恩团队最后得出结论:不是氧气害了那些深海动物,而是它们自己的懒惰习性害了自己。

人有时候不是被对方的强大吓倒,而是被自己的柔软和仁慈击败。当遇到客观环境的改变时,如果不勇敢地做出改变,去主动适应环境,你只能无奈地去接受现状,眼睁睁地看着目标离自己越来越远,无能为力。

专题2.1 适应概述

一、什么是适应

(一)适应的内涵

适应是英国著名生物学家查尔斯·罗伯特·达尔文“进化论”中的基本观点,用来表示能增加有机体生存机会的那些身体和行为上的改变。“适者生存”和“用进废退”是他通过对生物的长期观察和调查研究,得出的著名的生物生存的基本规律。他精辟地阐明,生物界包括人类本身,只有不断适应环境才能生存和发展。人类正因为具备了这种良好的生物适应功能,才能在这变化多端的自然界中生存并且不断发展进化,逐渐提升自己,有了高度完善的大脑神经结构和功能,创造了人类灿烂的精神文明和物质文明。心理学领域对适应概念的理解和运用分为三类,分别是生理适应、社会适应和心理适应。

(二)心理适应的性质和特点

心理适应具有以下三个方面的性质与特点:第一,心理适应是主体对环境变化所做出的一种反应;第二,心理适应是一个重建平衡的动态变化过程;第三,心理适应的内部机制是同化顺应的平衡。这三点对于理解适应具有重要的作用。但是,从全面理解适应概念的角度看,这定义中有几个要点还需要做出进一步的说明。

首先,要明确知道适应现象是伴随着环境的变化而出现的,没有环境的变化也就无所谓适应或不适应。但是,人们生活的环境(包括自然环境、心理环境和社会环境)实际上是处在不间断的变化中的,因此每个人每时每刻都存在着适应的问题,都会产生不断适应新环境的需要。从这个意义上说,适应是人的一种基本需要,是人的一生中随时都要面临的任务,也是人应当具备的一种基本素质。适应能力是个体生存与发展的必备能力,对不同个体来说,由于适应水平不同,最终会导致其发展水平上的差异。

其次,心理适应的根本目的是达到或恢复主客体之间的平衡状态,这是用平衡论对心理适应本质所做的一种解释。但是,在用平衡论来解释适应本质的时候,还应该进一步说明平衡与发展之间的关系。应当承认,平衡是适应的直接目标,适应的主要任务就是使主客体之间的不平衡状态重新恢复平衡。但从个体发展的全过程看,平衡只是相对的,暂时的,而不平衡则是绝对的,经常的。在个体发展过程中,由于一时的不平衡而引起的内部矛盾现象往往正是个体发展的动力,如果一味地保持平衡,反而会成为发展的阻力。因此在指出适应的直接目标是建立平衡的同时,还应该指出适应的根本目标是主体自身的发展。这样才能更好地反映出适应的本质。这种平衡与不平衡的辩证关系,反映了心理发展过程中矛盾运动的基本规律,因此也是我们理解适应过程的基本理论依据。

最后,同化与顺应来解释心理适应的内部机制可以从一定程度上说明问题,但并不能说明全部问题。定义中所提到的同化与顺应都是心理调节的不同方式。所谓同化是指将客体纳入主体已有认知结构或行为模式的过程;而顺应则是指调整原有认知结构或行为模式以适应环境变化的过程。显然,同化与顺应都是对环境做出反应和对自身进行调节的过程。在此应强调指出，同化与顺应作为认知与行为的调节过程是受主体的自我意识支配，借助自我监控系统的作用来实现的。所以心理适应实际上是一个自我调节的过程，在这一过程中，自我意识的发展水平起着决定性的作用。

以上几点进一步解释了心理适应的定义。心理适应比较完整的表达是：当外部环境发生变化时，个体通过自我调节系统做出能动反应，使自己的心理活动和行为方式更加符合环境变化和自身发展的要求，使个体与环境达到新的平衡过程。

温水青蛙实验

温水青蛙实验是美国康奈尔大学的一次著名实验。经过他们的精心策划安排，把一只青蛙突然丢进煮沸的油锅里，在这千钧一发的生死关头，这只反应灵敏的青蛙用尽全力跃出了那可能即将葬身的滚滚油锅，跳到地面安然逃生。

半个小时后，他们使用一个同样大小的铁锅，这一次实验在锅里放满了冷水，然后把那只死里逃生的青蛙继续放回锅里。这只青蛙在冷水里不时地来回游动。紧接着，实验人员偷偷在锅底下用炭火慢慢加热。

这只青蛙不知道为什么，仍然在微温的水中享受着所谓的“温暖”，等它开始意识到锅中的水温已经使它熬受不住，必须奋力跳出才能活命时，一切已为时太晚。它欲试乏力，全身瘫痪，只能呆呆地躺在水里，最终结果只能是葬身在铁锅里面了。

当青蛙被放入热水中时，它不能接受这个与自己生存环境反差太大的环境，由于对高温的极度不适应，它会迅速地逃生避险；但是，当青蛙被放入凉水里，并且水温慢慢上升时，刚开始它对凉水是适应的，水温变暖时，却让它感觉很舒适，渐渐地在舒适之中对水温的升高已经有些麻木，而当水温高到它不能承受时，它已经欲逃无力了。

二、大学生适应与发展的任务和要求

适应大学生活是大学生心理健康的标志之一。身处新时代的大学生，在适应与发展方面面临着以下任务和要求。

（一）积极适应生活环境，寻找新环境带来的愉悦

人的一生必定是会经历各种各样的生活环境，大学校园环境是人生道路上遇到的重要环境之一。大学生在主动适应大学生活环境的同时，也要尽快处理新环境所带来的不便之处。这样，才能更好地享受大学生活，为更好地学习奠定基础。

（二）树立正确的学习目标，做好大学学习生涯规划

高中的时候，我们的学习目标非常明确，就是考大学。可是，在大学的学习目标又是什么呢？有的同学是想找一份满意的工作，有的同学是想毕业后继续深造，又有的同学只要能混一张大学文凭就知足了，等等。无论树立的是哪一种目标，都要结合自己的实际情况，认真定位，认清现实，同时在一开始时就要制订一份详细的大学学习生涯规划，将大而不具体的目标划分成各个阶段小而精确、详细的目标。只有这样，才能体会到大学生活和学习所带来的成就感和充实感。

（三）学会与人沟通，建立良好的人际关系

良好人际关系离不开良好的人际沟通。良好的人际沟通是开启人与人之间心灵沟通的大门，是化解误会和冲突的宝剑，是增进人与人之间感情的润滑剂。在与人相处的过程中，只有尊重别人，别人才会尊重你，彼此才能相互尊重。理解和信任他人是建立良好人际关系的基础，只有建立在这基础上的人际关系，才能纯洁、长久而有活力。

（四）提高独立生活的能力，培养团队合作精神

大学生活既能锻炼学生的生活自理能力，又能够锻炼学生的团队合作精神。集体生活可以培养人生活自理的能力。适应集体生活的人际关系和不同个体的生活习惯，可以为人将来走上社会后，在不同的工作岗位上适应不同的人际关系和养成不同的生活习惯奠定良好的基础。

（五）培养和塑造健全的人格

培养和塑造健全的人格有利于大学生敢于创新、勇于探索、发挥潜力，抓住学习的最佳时机，制订合乎实际的计划并且付诸行动；有利于大学生对自我进行正确的评价，避免自视过高导致的自负自满，或者估价过低产生自卑沮丧的消极情绪；有助于形成较高的自我调节能力，使大学生在外部环境和自我身心不断变化的过程中，保持满意和愉快的心理体验和心境，表现出乐观且自信的生活态度，克服内心波动，培养积极参与和协作精神；有助于更好地完善自我，不断剖析自己、反省自己，进而达到自我成才。

知识链接

调适压力的食物疗效

食物不但能满足我们的生理需求，让我们的身体得到能量，而且可以帮助我们放松心理压力，调整不良情绪。下面我们就来看一下，帮助我们放松心理压力，调整不良情绪的食物有哪些（表2-1）。

调整不良情绪的食物列表 表2-1

食物名称	具体阐述
香蕉	香蕉是色氨酸（一种必需氨基酸，是天然安眠药）和维生素B6的良好来源，帮助大脑制造血清素。香蕉含的生物碱也可以调节情绪和提高信心
葡萄柚	葡萄柚含有丰富的维生素C，在制造多巴胺时，维生素C是重要成分之一。多巴胺是一种神经传导物质，用来帮助细胞传送脉冲信息；多巴胺会影响大脑的运作，传达开心的情绪，恋爱中男女的幸福感，与脑里产生大量多巴胺的作用有关
蔬果	叶酸存在于多种蔬果中，含量较丰富的有芦笋、菠菜、柑橘类、番茄、豆类等，当叶酸的摄取量不足时，会导致脑中的血清素减少，易引起情绪问题，包括失眠、忧郁、焦虑、紧张等。叶酸还能促进骨髓中幼细胞的发育成熟，形成正常形态的红细胞，避免贫血；妇女怀孕期间缺乏叶酸，会影响胎儿神经系统的发育

续上表

食物名称	具体阐述
全麦面包	碳水化合物有助于增加血清素,睡前2小时吃点碳水化合物的食物,如蜂蜜全麦吐司,有助眠效果,但不会像药物那样产生依赖性的副作用,不会上瘾
深海鱼类	根据哈佛大学的研究报告,鱼油中的Omega-3脂肪酸,与抗忧郁成分有类似作用,可以调节神经传导,增加血清素的分泌量。血清素是一种大脑神经传递物质,与情绪调节有关,如果血清素功能不足、分泌量不够或作用不良时,会有忧郁的现象发生,因此,血清素是制造幸福感的重要来源之一

专题2.2　积极适应大学新生活

一、生活适应

要适应大学的生活,首先要正确认识大学生活的要求和特点。大学新生的生活方式由依赖父母安排转为凡事要靠自己选择和处理的集体生活,时间安排由听从老师安排转为自主安排。了解了大学生活的特点后,应该学会积极适应大学新环境,尽快提高自己的生活自理能力。上了大学后,大学生应该要学会摆脱过去的那种过度依赖的心理,在辅导员和教师的指导下自觉主动参与集体活动,学会自己照顾自己,提高时间管理和财务管理能力,独立处理好生活与学习中所遇到的问题。

(一)养成良好的生活习惯

学习并且掌握必要的生活自理能力,不仅仅是适应新环境的要求,更是个人成长与发展所必需的条件。进入大学后,首先要努力培养生活自理能力,同学们应努力改变集中依赖父母的生活习惯,学会独立生活,自己照顾自己;其次是要培养良好的生活习惯,合理安排自己的时间与空间,早睡早起,养成良好的生活习惯。最后要学会独立处理生活、学习中出现的各种问题。积极参加集体活动,适当进行文体活动与体育锻炼,从而让自己的大学生活更加丰富多彩。

(二)合理安排时间与精力

合理安排的含义,就是处理好各方面的关系,对时间、社交都有很好的把握。时间和精力对于在校大学生来说是最大的资本,因此对其进行合理安排就等同于进行稳健的投资。

1.做到单位时间利用的最大化

我们必须准确知道我们的效率是多少,在单位时间里究竟能完成多少工作,并且应该尝试逐步提高自己的工作效率。

2.不要过度情绪化

不管是喜欢还是厌恶的任务都要一视同仁、公平对待。既然已经接受任务,那么就没有按照个人喜好去做事的权利了,但是心理因素的影响必然存在。所以,适时地自我开导与调整是决定你做得比别人更出色的关键。

3.要懂得选择

有时候我们会在同一时间得到几个机会,此时的选择更确切地说是一种优化,不是盲目地舍弃,而是要根据自己对人生的规划做出取舍,这也是对自己的心智和决策能力的锻炼。

我该怎么办

王丹，女，19 岁，某高职院校一年级新生，性格内向。上大学之前，一直深受父母宠爱，一切生活事宜都由父母安排妥当。在上大学之后，由于水土不服，不能适应当地生活习惯和气候条件，不久后，王丹因体质虚弱而生病住院了。在生病的期间，王丹和父母商量打算回家，并向辅导员提出了退学要求。辅导员问其原因，王丹说："想家、想父母，不能适应学校的生活环境和周围的自然环境。学校人多嘈杂，宿舍拥挤，学校饭堂的饭菜不合口味，生活上很不习惯。而且，听不到熟悉的乡音，自己普通话又带有浓重的方言口音，总会引起别人的讥笑，连开口说话的勇气都没有，总觉得自己是个被抛弃的人。"因为如此，王丹人也变得孤独自卑，极其想念中学的同学和老师。每天晚上熄灯后，王丹就躲在被窝里哭，久久不能入睡，睡梦中也总是与家人和朋友在一起。每次父母打电话来，王丹都泣不成声。王丹说："父母希望自己好好读书，自己也想快乐起来，投入新生活。也曾强迫过自己学习，但学习上感到吃力，现在最怕上数学和英语课，没有老师和同学的帮助，自己就学不进去，总担心成绩不好会被淘汰，每天坐在教室和图书馆里望着书发呆。最近一段时间老是担心期末考试不及格，让父母着急，心里充满了烦恼和忧虑。"王丹说，她以前不是这个样子的，现在觉得自己像变了一个人，在学校实在待不下去了。每天都是靠回忆和写信活，接收书信和接听电话，成了生活中唯一的精神寄托。

由于从中学到大学环境发生了突变，大学生在大学生活及将来走向社会的过程中，随时都会遇到对生活不适应的问题。心理素质好的同学，随着环境的变化，能够自我调整，在新的环境中找到自己的朋友，建立新的友谊，开拓新的生活空间，产生新的归宿感和稳定感。

适应表现于生活的各个方面，虽然细小，却对个人有着极大的影响，它是大学生走向成功的基础。

二、学习适应

应对学习适应问题的对策主要是要尽快摸索和掌握大学生的学习规律和学习方式，及时解决学什么、怎么学和如何安排学习时间的问题，这是大学新生尽快适应大学学习生活的关键。具体的应对措施有以下几个方面：

（一）正确认识大学学习的特点，完善学习方法

大学学习，无论是学习目的、学习内容还是学习方法都与中学学习都有很大的区别，要正确认识大学学习的特点，做学习的主人。通过自主学习的时间，逐步养成自学的习惯，培养自学的能力。尽快改变中学被动的、听命于教师的、死记硬背的学习方法，正确树立积极、独立、勤于学习的学习理念。从个人的实际出发，逐步摸索出与自己的水平、基础和大学教学适应的学习方法。根据学校的课程设置、教学内容、教学形式和教学方法，以及教师的个性特点，不断调整自己去积极适应大学学习的特点。

（二）转变学习理念

把学习方法的转变与思维的转变结合起来是有必要的，例如，在中学时代，我们的学习更

多的是在问题相对静止的状态下研究事物，侧重于形式逻辑思维；而大学的学习则侧重于在运动过程中研究事物。转变、发展、聚焦辩证逻辑思维。这种辩证思维贯穿于整个大学的教学过程，对学习方法有着直接的影响；反过来，学习方法的转变又促进了辩证思维的发展，两者相辅相成，相互促进。

（三）要学会善于支配时间，安排学习计划

要养成预习、复习的好习惯，抓好听讲、记笔记、练习等几个环节，学会利用工具书、图书馆等条件，要学会处理好学习与体育锻炼、文娱活动、社会活动及睡眠的关系，还要注意合理补充营养，以满足脑力和体力劳动的消耗。学习中遇到困难，要不畏惧、不气馁。相信经过一个阶段的努力，就会逐步培养起新的学习习惯，逐步适应新的生活，享受美好的大学时光，进入大学阶段学习的自由王国。

三、人际适应

和谐的人际关系有心理保健的功能，给人以支持的力量，同时满足人的归属感、安全感、自尊、自信等多种心理需要。面对来自各地，性格、习惯各异的同学，如何建立起和谐、友好的人际关系是当代大学生适应大学生活的一个重要因素。

（一）相互理解，学会宽容

每个人的生活习惯和价值观念都是不尽相同的，如果你与别人生活在一起，你就要连同他的生活方式一同接受，理解适应彼此的生活习惯。对自己而言，要养成良好的生活习惯，对他人要学会宽容。宽容是一种美德，学会宽容是我们处理同学关系的一项重要原则，当然宽容也是有原则的，对于不良行为和不良习惯就不能听之任之，否则就是纵容。

（二）求同存异，善于沟通

在与同学相处的过程中难免会发生争执、矛盾，这是正常现象。关键是要学会化解矛盾，而不是激化矛盾或积累矛盾。在矛盾出现时，学会思考，善于从分歧中找到共同点，加强沟通，学会求同存异，彼此开诚布公，切忌心存芥蒂，相互猜疑。

（三）互助互爱，彼此尊重

同学之间要共同度过几年的时光，彼此之间如同兄弟姐妹，应学会互相帮助，互相关爱，尤其是当其他同学遇到困难时，要及时伸出援助之手。同学相处是一种缘分，走到一起不容易，要注意彼此尊重，互助互爱，友好相处。

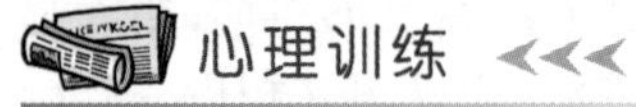

心理训练

呼吸调节法

呼吸调节法是学会巧妙运用特殊的呼吸方式来控制呼吸的深度和频率，从而提高吸氧水平和更好地增强身体活动能力，改善心理状态，治愈某些心理疾病。它的具体方法有“胸、腹式呼吸交替训练”“意念性深呼吸训练”“按摩式呼吸训练”三种（表 2-2）。

呼吸调节法 表2-2

呼吸调节方法	训练方式
1. 胸、腹式呼吸交替训练	平躺在床上,头下垫枕头;两膝弯曲并分开,相距20~30厘米;两手分别置于胸部和腹部用意念控制呼吸:先吸气并挺胸,使意念停留在胸部上,此时置于胸部上的手会慢慢随之升起,然后呼气;再吸气并鼓腹,使意念停留在腹部上,此时置于腹部上的手会慢慢随之升起,然后呼气。这样反复交替训练,不断体验胸、腹部的上下起伏,以及呼吸时的舒适轻松的感觉。训练一般每天1~2次,每次5~10分钟
2. 意念性深呼吸训练	站立在空气新鲜的地方,对着树林、草丛、小河、空旷地带等优美的景观,脸朝前,两手自然垂于身体两侧,双足跟并拢,足尖叉开相距约15厘米。吸气时双臂缓缓地从两侧抬起至与地面平行,想象新鲜空气自十个手指进入并随手臂经肩部到达头部、颈部、胸部、腹部;然后缓缓呼气,想象浑浊空气沿着两条大腿自十个足趾排出,同时双臂也缓缓放下呈自然垂直状。如果身体某部位有疾病,则吸气时可用意念让新鲜空气在该部位多停留一会儿。一般每天1~2次,每次20分钟
3. 按摩式呼吸训练	站立,两臂侧垂。先做一次深呼吸:吸气时缓缓向前举起双臂,同时握紧拳头,挺胸,双脚踮起,直至双臂举到头顶;呼气时双臂握拳慢慢伸向身体两侧,与身体呈“十”字状,然后脚跟着地,两臂松拳恢复侧垂状。深呼吸后即改作平静呼吸,同时两手手掌分别平放在左右胸大肌上做上下按摩,最后左手放在右肩上,分别做由肩向臂,由臂向肩按摩。按摩结束后继续深呼吸,深呼吸后再按摩,如此循环往复地进行。一般每天1~2次,每次15分钟

呼吸调节疗法简单易行,除了能够解除焦虑、紧张、抑郁、急躁等心理疾病外,也有助于缓解呃逆症、过度换气综合征等身心疾病,有时也能消除各种功能性甚至器质性躯体疾病。特别是意念性深呼吸训练,如果能持之以恒,还能控制和祛除诸如偏头痛、雷诺病、周身疼痛症(背、腰、肩、颈、四肢及头部肌肉的紧张和疼痛)等疾病。

《积极心态的力量(掌控成功的10条法则)》

《积极心态的力量(掌控成功的10条法则)》是畅销书作家罗伯特·格林继《权力的48条法则》之后推出的又一力作。本书以美国著名说唱歌手50 Cent的成长历程为背景,以直截了当的方式讲述了人们遇到恐惧心理时应该如何对抗、练就积极的心态,其中还囊括了充满智慧的10条成功法则。本书通过列举大量世界各国历史人物的事例,生动地告诉我们在当今社会环境下,如何以无所畏惧、强大的内心改变逆境,如何在竞争中化危为机,脱颖而出,如何以积极的心态在有限的生命中充满使命感地创造美好生活。《积极心态的力量(掌控成功的10条法则)》是一本激励人心的励志书,也是高校师生、企业管理者、政府人员的智慧锦囊。

◆◆专题3　培养积极的自我意识◆◆

认识你自己

古希腊的名人 Kellerfon 是哲学家苏格拉底的密友。有一天,他去德尔菲神庙问上帝一个问题:世上谁比学者苏格拉底更聪明?

神谕说:“没有人比苏格拉底聪明。”

Kellerfont 很高兴地向苏格拉底展示神谕,但他在苏格拉底的脸上看到的是混乱和困惑。

苏格拉底认为他不是世界上最聪明的人。因此,苏格拉底想要寻找一个智慧和声望超过他自己的人,来证明神谕并不正确。

他首先找到了一位政治家。这位政治家知识渊博,他与苏格拉底谈论过。苏格拉底从中看到政客们认为他们是正确的,但实际上他们是无知的真面目。他认为虽然这位政治家并不了解善良和美丽,但他认为他知道一切,而自己意识到他的无知,似乎比他聪明一点。

苏格拉底仍然不满意,并继续他的质疑。他继续找到一位诗人,他用天才写诗,而那位认为他可以讲几首酸诗的诗人看起来一片空白。

然后苏格拉底咨询了一位工匠,他不希望重复这位诗人的错误。一个人的思想的傲慢,被他的技能所认为是无所不能的,否定了他内在的智慧之光。

最后,苏格拉底意识到了真正的神谕:上帝并没有说苏格拉底是最聪明的人,而是告诫全世界只有苏格拉底这样的人才是最聪明的,因为他知道他是无知的。

人生匆匆,似乎在追寻着什么,又似乎在证明着什么。“我是最棒的”“我是最好的”一类的鼓噪几乎在每一天都在敲打着晨窗,还有几人能像苏格拉底那样虔诚地求证自己的无知呢?

“认识你自己”,这句镂刻在德尔菲神庙里的箴言,曾赋予了哲学者苏格拉底一种深沉智慧的目光。而今,苏格拉底的证明则向我们开启了一扇智慧的大门:许多时候,认识你自己,或认识真理,都是从认识自己的无知开始的。

专题3.1　“我”和“自我”概述

一、“我”从哪里“来”

“我”从婴儿呱呱落地,睁眼开始慢慢形成,但刚开始“我”的概念是很模糊的。从心理发展的角度看,“我”的概念的形成又是高级生物与低级生物的重要区别和开端。如果从历史发展的角度看,“我”的演变却是很精彩的。

在中国古代,“我”包含了很多意思。从古代文字的构造出发,我们可以这样理解:早期的甲骨文,“我”像一种有许多利齿的武器,是“戌”的变形,即锋利的戌,是无人可敌的威猛战器。造字本义是手持大戌,呐喊并示威。晚期甲骨文,简化了齿形;金文,继承了晚期甲骨文字形;篆文则有所变形,利齿状被写成了“禾”,整个字形由甲骨文的独体字变成了“禾”“戈”组合的合体字。从“我”字的发展和变化,由兵器到农作物再到现代的简化版,经历了4个很明显的变化。从心理学的角度来分析,甲骨文的“我”,包含兵器的意思,而兵器是用来发动战争的,同时也是代表攻击行为和攻击动力,而攻击是动物普遍的本能反应,因此甲骨文时期的人,对“我”的理解只是停留在本能上。而到了篆文,开始把武器的特征渐渐淡化,衍生出农作物的特征,篆文的“我”很符合当时朝代的状况,需要在战乱后重视民生的发展,也开始关心人的第二个特征——生产和创造。发展到现代,“我”不单单是古代对外部世界的反应,更偏向内部世界的过程。

在西方的英语中,“我”可以用“I”“me”或者“myself”来表达,其主要的差别就在于是主格还是宾格,也就是说英语中的“我”是有不同的位置的,这个位置发生变化,表现形式就会产生相应的变化,这才符合日常生活的需要。

由此可见,“我”的起源蕴含着非常深刻的意思,也同时带着很深的社会背景。

二、了解“自我”的历程

在古希腊,了解“自我”是一个非常重要的课题和内容,是否能在了解“自我”的过程中得出新的内容体现了一个人智慧水平的高低。古希腊哲学家柏拉图认为:“没有自我反省的生活是站不住脚的。”我们从孩子到成年人成长,生活在充满传统规则的环境中,并通过他人教导我们什么是对或错。但柏拉图认为,我们应该检验是非观点。我们是什么?为什么这是对的?为什么这是错的?基础在哪里?只有以这种方式看待自己,我们的观点才能可靠和正确,我们的生活才真正有意义。柏拉图还打了个小比喻,我们就像一群在黑暗中背对着天空、正对着墙的人,有人从我们背后举着火把经过,火的影子在我们看到的墙上跳动,我们以为那就是真正的火焰了,那墙壁就是真正的天空了,殊不知,真正广阔无垠的天空其实是在我们背后。这个比方的意思是,我们看到的、听到的、感受到的都只不过是意识对客观世界的反映,这个反映未必就是真实的,只有当我们的思维脱离了这种表象,更加抽象地掌握了事物的本质,你的思想才会看到真正的“天空”。而一个人所能看到“天空”的广阔程度取决于他思维的抽象高度和对事物内在规律联系的理解深度。

在中国古代有不少的古籍记载着对“自我”的发现。例如:《说文解字》中的“我,施身自谓也”,意思是将自己置于众人之中,而自称时称作我;《易·观卦》中的“观我生,君子无咎”,意即观察自己的周围环境,君子不会有灾难;《孟子·尽心上》说:“万物皆备于我矣”,意思是各种事物、品德和道理都蕴涵在我的天性之中。宋朝时期,对“我”的探索到达高峰,比较著名的代表学说有程朱理学和陆王心学。

程朱的新儒学认为,世界的本质和规律是客观存在的,而“天国”则统治着整个宇宙。当我们理解这个原则时,我们就能成为圣贤。我们需要从事物的角度来了解它。也就是说,我们应该不断地接触不同的东西并获得更多的知识，以便学会总结并真正了解宇宙的本质。因为宇宙是由天国统治的，因此当人的欲望和天理矛盾时，就要存天理灭人欲。

陆王心学则认为这个世界的本质和主宰者就只有人的心理。要想知道人心中的这个“理”，就需要实践和省察自己的内心，即所谓的知行合一，而不是单纯的格物而致知。省察自我内心关键是要有良知，这样才能认识到世界的正确的本质规律。由于这种思想是“心明便是天理”，因此思维更加开阔，不易被封建礼教禁锢。

专题 3.2 自我意识概述

一、什么是自我意识

自我意识可以将其拆分为“自我”和“意识”来理解。“自我”的意思在上一节内容中有详细的解释，而“意识”这个词语既可以作为名词，也可以作为动词。作为名词的话，可以解释为对某些事物深刻的认识和理解；作为动词的话，则可以理解为了解事物属性的过程。在心理学里面，“意识”的解释是：人的头脑对于客观物质世界的反映，也是感觉、思维等各种心理过程的总和。

自我意识是指个人对自己身心活动的感知，即他自己对自己的理解，包括他的生理状态（如身高、体重、体形、外表等）、心理特征（如兴趣、能力、气质、性格、爱好等）和他与他人的关系（如他与周围人的关系，他在集体中的地位）。展示位置的功能是什么？常见的衍生问题是：我是一个什么样的人？我的爱好是什么？我的优点和缺点是什么？

心理训练

写写“我是谁”

在一张纸上以“我是……”作为句子开头并造句，句子不少于20个。在造句的过程中感受内心的变化。在写完句子后，读出自己的句子与同学分享。

二、自我意识的特征

自我意识跟其他事物一样在被人认识后，都有其特征和规律，而特征有以下几点：

第一是意识性。自我意识是指个体对自己及其与周围世界的关系的清晰明确的理解和自觉态度，而不是心理学中的无意识或潜意识。“我在故我思”是海德格尔与梅洛·庞蒂等人提出的重要观点，说明人的客观存在和主观意识的统一的。从马克思主义哲学的角度来看，这种自我意识是主体我对客体我的一切主观能动的反映。

第二是社会性。自我意识是个人成长中长期社会化的产物。这不仅是因为它是在社会实践中产生的，而且因为它的主要内容是个体社会属性的反映。自我意识的本质不是实现个体的生理特征，而是实现个体的社会特征，个体的社会角色，以及个体在某些社会和人际关系中的地位和作用。这是自我意识发展到成熟的重要标志。例如,在社会上曾经出现过的“狼孩”和“猪孩”,由于从小就是由其他动物带大,缺少社会和他人的支持和教育,因此只能习得跟其他动物一样的技能。

第三是能动性。自我意识的主动性不仅表现在个体基于社会或他人对其评价、态度和实践的反馈形成自我意识的能力,而且表现在根据个体的能力来调节自己的心理变化和行为过程。例如,飞机的发明人美国的莱特兄弟和英国数学家、逻辑学家,被称为计算机科学之父、人工智能之父的艾伦·麦席森·图灵等科学家,就充分体现出自我意识的自主能动性。

第四是同一性。许多心理学研究表明,自我意识通常需要 20 多年才能发展,甚至更长。只有在青年的中后期,才能形成一种相对稳定和成熟的自我意识状态。虽然这种自我意识可能因个体实践的成败与其他人的评价之间的差异而发生变化,但在青春期后,个体将保持其基本知识和态度的稳定持久的特征,并成为心理学中的自我意识。正是由于自我意识的认同,个体表现出一致的心理过程和特征,从而将自己与其他人的不同个性区别开来。自我意识的同一性也是人类心理发展的重要规律,可以用于评估其心理特质的稳定和成熟程度。

三、自我意识的结构

自我意识是一个包含认知、情感、意志等多种心理特性,同时也与人格、兴趣、思维等多个系统相关的概念,因此,要对自我意识进行分类,可以从多个维度和标准来划分。

(一)从自我意识的形式进行分类

理解自我意识的结构可分为三种类型,即知识、情感和意志,由三个子系统组成:自我认识、自我体验和自我调节(或自我控制)。

1. 自我认识子系统

自我认知子系统是自我意识的重要组成部分,是自我调节和控制的心理基础和起点。它主要包括自我认知、自我概念、自我观察、自我分析和自我评价五个方面。经过在生活中他人的训练和教育,自我意识和自我概念将逐渐形成。自我分析是在自我观察的基础上对自己情况的分析和反映。自我评价是对社会价值观在能力、道德和行为方面的评价。它最能代表一个人的整体自我意识水平。

2. 自我体验子系统

自尊、自信,甚至自卑和自大都是自我体验子系统的具体内容。个体将其社会角色与他人进行比较后,由此所得的自我价值的评价和体验,即为自尊。自信是一种自我肯定的经验,表明一个人的能力是否适合于所承担的任务。与双胞胎兄弟一样,自信和自尊与自我评价密切相关。这个含义的常见问题是:我可以接受自己的所有吗?我感觉比别人更不好吗?我今天快乐愉快吗?我对自己内外都满意吗?

3. 自我调节子系统

自我调节子系统主要表现在对个体行为、活动、态度和情绪的调节上。它包括自我检查、自我监督、自我控制三大方面。自我检查是一个过程,在这个过程中,主体将他自己的活动过程和结果与现实生活中的过程和结果进行比较和对比。自我监督是一个由具有高社会标准或固有行为准则的人监督自己的言行的过程,属于高级心理过程。自我控制是个体自主调节心理和行为的积极过程。

自我调节子系统是直接影响个体自觉行为的重要环节。它是一种自我教育和自我发展的重要机制。自我调节的实现是自我意识积极合理的表现。例如,我国绝大部分的大学在入学的时候都会进行持续两周左右的军训,个别大学甚至持续一个月。军训前,大部分的同学都会有不愿意或者畏难的情绪和想法,一旦开始军训了,同学们无论带着怎样的状态,时间的流逝都是一样的。但研究显示,自我调节能力强的同学会明显感觉时间流逝更快,收获的东西更多,体验也更加积极。

(二)从自我意识的内容进行分类

从内容上看,自我意识可分为生理自我、社会自我和心理自我三方面。

1. 生理自我

生理自我是指个体对自己身体的一个或多个方面、性别、形态、外表、年龄和健康状况的认识。生理(物质)自我在情感体验上表现为骄傲、傲慢(自负)或自卑;在意志上表现为对身体健康、外表美或社会普遍价值取向的追求,物质欲望的满足,或对自己所有物的维护。生理自我作为自我意识的原始意识形态,始于1岁,成熟于3岁。这是自我意识发展的第一次飞跃。常见的问题是:我有多高?我的体重是多少?

2. 社会自我

在宏观层面上,社会自我是指个人对某个时代、国家、民族、阶级和阶层的归属感;在微观层面上,社会自我指的是一个人在一个群体中的地位和声誉。包括对家庭、亲戚和朋友的尊重和接受程度。关注的是追求声誉和地位,与人沟通,与人竞争,争取他人的良好感受和认同。3岁以后,儿童的自我意识发展到社会自我意识阶段,至少是基本成熟的。常见的问题是:有人喜欢我吗?我受人尊敬吗?

3. 心理自我

心理自我指的是个体对自己的智力、兴趣、爱好、气质、性格等心理特征的理解。在情感体验中,它表现出骄傲、自尊或自卑、自责。关注的是智慧和能力的追求、理想和信仰的发展;以及行为与社会规范的一致性。心理自我是从青春期发展而来的,青春期是自我意识发展的第二次飞跃。常见的问题是:我的爱好是什么?我的目标是什么?

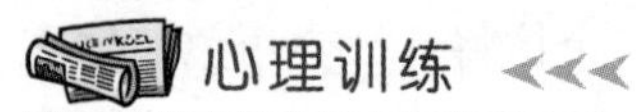

心理训练

小小动物园

操作:要求仔细思考,用一种动物代表自己,并记下卡上动物的名字。当每个人都完成写作后,卡片将同时显示。在这个小动物园里,小组成员将看到哪些动物与自己相似,哪些动物与自己不同。然后,我们讨论为什么我们选择这种动物来代表我们自己,这种动物优点和缺点是什么。

(三)从自我意识的组成进行分类

从构成的角度来看,自我意识可以分为现实自我、镜子自我(投射自我)和理想自我。

1. 现实自我

现实自我指的是个体在与环境的互动中对综合现实和实际行为的意识,与“理想自我”相对。罗杰斯认为,个人实际拥有的自我概念是他现在是什么样的人。理想自我与现实自我之间的差距是心理健康和心理治疗效果的指标。常见的问题是:我知道自己会做什么,不会做什么。我对什么感兴趣,对什么不感兴趣。

2. 镜子自我

镜子自我,也被称为“投射自我”,是指通过观察他人的反应和他们自己的行为来形成自我意识和自我评价。每个人都是另一个人的镜子。通过其他人对自己的看法和态度,我们可以回顾自己,形成自己的想法。当想象其他人是否对自己感兴趣或厌恶,以及他们是骄傲还是谦虚时,他将不可避免地进行改进,以实现与对方的和谐。“我在镜中”意味着一个人可以将自己视为一个对象,并从他人的角度看待自己。自我判断和评价越接近他人的评价,人的自我意识越强。常见问题有:别人觉得我是一个怎样的人?你对我的印象是怎样的?

3. 理想自我

理想自我是个体想要达到的比较完美的形象。我们长久以来的愿望是,我们每个人都可以从现实的自我发展到理想的自我。美国心理学家卡尔·罗杰斯指出,每个人心中都有一个理想的自我,但大多数人发现他们与理想的自我不相符。常见的问题是:我希望自己跟马云一样富有。我希望自己跟白雪公主一样美丽。

知识链接

心理实验:儿童的延迟满足

延迟满足实验是发展心理学研究中的经典实验。该实验用于分析儿童承受延迟满足的能力。所谓的延迟满足就是能够等待他们需要的东西,而不是他们想要的东西。这是一个非常流行的解释。

它被称为“延迟满意度”实验。实验过程如下:

实验者给每个4岁的孩子一颗美味的软糖,并告诉孩子们:如果他们立即吃,他们只能吃一颗糖;如果他们等20分钟之后再吃,他们可以得到两颗。有些孩子迫不及待地立即吃糖,而一部分人则耐住性子,闭上眼睛或头枕双臂睡觉,而有的人则通过自言自语或唱歌来转移他们的注意力以抑制他们的欲望,从而获得更有利可图的奖励。面对美味的软糖,任何孩子都会经得起考验。

10多年后,研究人员对儿童的表现进行了研究,结果发现那些可以等待更长时间以获得更多软糖的人比那些缺乏耐心的人,学习成绩更好,职业表现更好,更有可能取得成功。也就是说,延迟满足的能力越强,成功就越容易。

专题 3.3　自我意识的作用及其形成途径

一、自我意识对人格发展的作用

人类遗传因素只是人格发展的生理基础,我们应该通过自我意识参与人格的形成。不可否认,遗传质量对人格的形成和发展有重要影响。例如,神经系统的遗传特征影响气质类型,感官特征和身体特征也影响人格的发展。然而,人们不仅仅是静态地和被动地接受这些因素的影响的。

自我意识调节着遗传生理因素和环境社会因素对人格的相互影响。当自我意识和社会因素同时相互作用并产生矛盾时,自我意识使他们协调并为自己做出最佳选择。例如,当一个人感到饥饿但身无分文时,看着店里的面包,他会做出各种分析,并权衡他可以采取的各种行动的利弊。是偷东西吗?还是乞讨?还是饿死?选择哪一个取决于他的自我评价和自我控制。当生理因素和社会因素同时作用于个体时,什么样的因素起作用是自觉选择和调节的结果。

(一)对已有的人格进行认识、评价和调节

每个人心中都有一个理想的自我。自我意识通过反馈不断监督和调节自己,这样他就可以朝着这个理想的目标行事。人们总是在采取行动之前和之后进行思考和反思:"我该怎么办?""我应该更坚强。""做这件事不是我的风格。"……当一个人意识到他的某些人格特征不好,不是理想的个性时,个人会采取适当的措施来调整和控制,例如警告自己的格言。不同的人有不同的理想人格目标,不同的自我意识和自我评价标准,不同的自我监督、自我控制和自我能力,这也导致人格差异。

(二)自我意识的水平是人格成熟度的标志

在社会化理论中,埃里克森的八阶段人格发展理论、皮亚杰的道德发展理论和科尔伯格的道德发展理论不仅是对社会化理论的解释,同时也是对人格和自我意识发展的理论阐述。从这些理论介绍中,我们不难看出,自我意识发展水平与人格发展水平、社会化程度是密切相关的。

(三)维持人格发展连续和稳定的因素

在他的自我意识中,每个人都有三个自我:真实的自我、他人眼中的自我和理想的自我。理想自我的建立总是建立在实际的自我之上,指的是在别人眼中的自我和在他们心中所崇拜的偶像。在理想的自我建立之后,个体可以根据理想自我对实际自我提出的行动标准和要求来实现理想的自我。在这个过程中,自我意识和个人行为是统一的。如果这种同一性和稳定性遭到破坏,人格将会出现异常。

二、自我意识形成的途径

(一)通过与他人对照认识自己

人首先反映的是自己。个人倾向于将他们对他人的知识转移给自己,并且"客观地"了解

自己,因为他们了解他人。例如,当你看到其他人对老人有礼貌并受到每个人的赞扬时,你应该反思你的言行,以实现你对老人的平常态度。经过多次比较,它将提升个体的自我意识,形成相应的自我概念。

(二)通过他人对自己的评价认识自己

一个人对自己的理解受到他人评价的极大影响。就像人们在镜中认识自己一样,孩子们认为自己是别人对自己的评价,是不断认识自己,包括自己的优点和缺点的一面镜子。由于人类活动范围广泛,人们往往属于不同的群体并与不同的人接触。每个小组和每个人对你的评价都是一面镜子。通过这种方式,可以通过不同的镜子反映多个自我,使个人能够更全面地了解自己,从而促进自我意识的不断发展。

(三)通过自己的言行及效果认识自己

自我意识是个体实践的反映。他们在实践活动中的表现和成就也将成为一面镜子,通过这面镜子,他们可以反映他们的身体、智力、情感、意志和道德特征,从而使其成为自我认同和评价的对象。如果学生在学习或比赛中取得了良好的成绩,他将体验到一种自信,并对自己和自己的能力有了新的认识。

(四)通过自我监督与自我教育完善自己

个体通过持续的自我反思找到真实自我与理想自我之间的差距。一方面,通过对自我的监督,他们克制自己,并遵守既定目标。另一方面,通过对自我的教育,根据社会需求对对象进行自觉教育,实现真实自我与理想自我的正向统一。简而言之,自我监督的重点是“克制”,而自我教育则注重“发展”,这两者都有助于自我意识的不断提高。

专题3.4 积极自我意识的标准及培养

一、积极自我意识的标准

积极的自我意识对人的心理健康起着重要作用,促进人格的形成和发展。积极的自我意识有以下几个标准:第一,一个有良好自我意识的人应该是一个有自我意识的人,他不仅需要了解自己的优点,还需要了解自己的缺点,能够正确地评价自己和自我发展。第二,一个有良好自我意识的人应该是一个协调自我意识、自我体验和自我控制的人。第三,一个有良好自我意识的人应该是一个积极的、自我肯定的、独立的、与外界保持一致的人。第四,一个有良好自我意识的人应该是一个把理想自我和现实自我结合起来的人。它具有积极的目标意识和反省意识,具有适当的侵略性和无限的意志力。大学生的积极自我意识主要体现在以下四个方面。

(1)自我认知:具有自我认知能力的大学生,应当具备自我认知能力,了解自己的优缺点,能够正确、独立地评价自我。

(2)综合自我意识:具有良好自我意识的大学生应是自我意识、自我体验和自我控制相协调的人。

(3)自我肯定:具有良好自我意识的大学生应该是积极自我肯定和积极内省的人。

(4)理想自我和现实自我是统一的:具有良好自我意识的大学生应该是理想自我和现实

自我的统一者。他们应该有积极的目标感,积极主动,永不停息。

二、积极自我意识的培养

(一)正确认识自我

正确理解自己,意味着一个人对自己的理解应该符合一个人的实际情况。它包括两个含义:一是正确、全面地认识自己具体的特点和优势;二是正确地认识自我与社会、个人与集体、宏观和微观的关系。认识到个人成长不能与集体和社会分离,自我生命的价值主要在于对社会的最大贡献。

人们总是在变化和发展的。因此,我们需要不断更新和提高我们对自己的理解,以使自己更好、更完美。要正确认识自己,我们必须以全面和发展的观点来对待自己:

(1)要充分了解自己,不仅要认清外表、衣着、行为、举止、言语等外在形象,还要认清自己的内在素质,如知识、心理、道德、能力等。一个人的美应该是外在美与内在美的和谐统一。内在美促进外在美。

(2)要充分了解自己,我们不仅要看到自己的长处和优势,还要看到自己的缺点和短板。因为我们每个人在外在形象和内在品质方面都有自己的优点和缺点,这就是所谓的“没有人是完美的”。我们应该更加关注自己的优势,并欣赏自己。因为只有先仰望自己才能正确认识自己。但是,如果我们只看到自己的优点和缺点,当我们利用自己的优势与其他人的弱点进行比较时,我们会自满、傲慢、停滞,甚至倒退。

同时,要学会从发展的角度审视自己,及时发现自己新的优势和不足,努力把劣势转化为优势,不断纠正自己的不足,不断提高自己。

(二)诚心悦纳自我

积极接受自我接纳是一种心理状态,与客观环境并不完全相关。有些人虽然身体不足,但仍乐观;有些人有很好的特征和漂亮的外表,但他们不喜欢自己;有些人不富裕,但快乐;有些人有钱有势,但不是很开心。马克思赞赏这句格言:“你觉得巨人太高了,无法攀登,只因为你跪下了。”事实上,许多事情可以由他人和你自己完成。关键是你应该充分、准确、客观地了解自己。要做到这一点,你必须首先接受自己的心理。

自我接纳是发展健康自我体验的关键和核心。具体而言,积极的自我接纳可以从以下几点开始。

1.接纳自己,喜欢自己

接受自己,欣赏自己,感受自身的独特,对自己有价值感、自豪感、愉悦感和满足感。北宋思想家、政治家、文学家王安石曾说:“能使人知己、爱己者,未有不能知人、爱人者也。”看到自己的光辉点,有大量的能量被挖掘出来,才具有存在的价值。体验自己的独特性,并在此基础上体验价值感、快乐感、愉悦感和满足感。

2.热爱你的身体

接受自己从喜欢自己的身体开始。你可能没有漂亮的脸蛋和完美的身材,但这是你的身体。不喜欢它意味着你不接受自己作为一个人。不要让别人决定你喜欢什么,你应该尝试喜欢你的整个身体,使它既有价值又美观,从而放弃别人对你的比较和评论。

忘记缺陷,尽情做自己

一位少女一直渴望能成为一名歌星,但容貌是她最大的致命伤。当她第一次登台唱歌时,为了掩饰一口难看的牙齿,她尽量拉长上嘴唇,希望能盖住,结果呢?她的样子变得更滑稽可笑,演唱会彻底失败。一位观众听了她的歌,认为她很有天分,对她说:"我看了你的表演,知道你想隐瞒什么,你对自己的牙齿感到懊悔。"她听了满脸通红。这位观众继续说:"牙齿不好又能怎样?难道那也是罪过吗?不要去隐藏它们,张开嘴大声地唱出来,观众会喜欢你的。克服心理障碍,也许这口牙齿还能为你带来好运。"女孩接纳了观众的忠告,忘记牙齿的缺陷,专心地面对观众演唱。后来,她成为歌坛上一颗闪亮的星星,甚至很多人想模仿她!

3. 坦然接受自己的缺陷

理想情况下,大多数人都承认"金无足赤,人无完人"。就像世界上没有完美的东西一样,也没有完美的人。但在认识自我、看待别人的具体问题上,许多人仍然习惯于追求完美,求全责备,对自己要求样样都是,对别人也往往是全面衡量。任何人都有优点和缺点,伟人和名人也不例外。费勒是石油大王,可他有学习障碍,但他却是一个社会学专家;亚里士多德在沟通上有障碍,但他是一个非常聪明的哲学家;爱因斯坦曾遇到过学习障碍,但他在科学上的成就是显而易见的;丘吉尔有沟通障碍,但他是国际政治的领导者;贝多芬是聋人,但他是一个音乐巨人。所以,我们不要为自己的缺陷而伤心难过。

4. 原谅自己的错误

你需要接受有时你必须妥协的事实。当你无法满足自己的期望时,自责并不好。这种态度往往导致完全放弃或降低标准。向孩子学习,当他们学会走路时,有时会摔倒。他们没有放弃学习走路,而是继续爬,也没有因为跌倒而责备自己。他们休息了一会儿,拍了拍灰尘,继续下一个练习。当我们发现自己"倒下"的时候,我们也应该有这样的态度。

(三)合理控制自我

为了学会有效地控制自己,我们必须首先从合理地调节自己的态度入手。以下是心理学家长期总结的要点。

1. 加强思想修养

在某种程度上,人们的自我控制取决于他们的意识形态品质。一般来说,有远大理想和抱负的人永远不会因为对琐碎事情的情感冲动而表现得很糟糕。因此,提高自我控制的最根本途径是树立正确的人生观和世界观,保持乐观健康的心态。

2. 培养文化素养

一般来说,一个人的文化修养与其耐力和自控能力成正比。文化素质较高的人往往对自身与他人的关系、自我管理和自我提升有更全面的认识。

3. 学会情绪管理

使用合理的发泄、注意力转移、环境转移等方法来释放会引起冲动的情绪,保持情绪稳定,避免冲动。

4. 掌握调控自我意识

我们应该冷静下来，用我们的大脑，消除外部干扰或暗示，并学会做出独立的决定。我们要彻底摆脱对他人的依赖，克服自卑，培养自信和独立的自我意识。

5. 增强意志力量

我们应该在品格上培养良好的意志独立性，高度意识到自己的目标。只要你通过自己的练习来识别事物，你就应该毫不犹豫地继续下去并尝试达到预期的目的。你不必追求完美，不必严格要求自己，也不必过多关注别人如何谈论你。

知识链接

成功品质小测验

下面有一个小测验，共有8个问题，请对照自己的实际情况，每题选择一个选项。

表3-1

	非常不符合	有些不符合	不能确定	有些符合	非常符合
1. 我通常能发挥自己的最大优势来完成工作	A	B	C	D	E
2. 我通常都是积极主动地承担任务	A	B	C	D	E
3. 我做事目标明确	A	B	C	D	E
4. 我喜欢做那些我不知道自己能否胜任的事	A	B	C	D	E
5. 我喜欢关注那些优秀的人和事	A	B	C	D	E
6. 我觉得自己的生活很充实	A	B	C	D	E
7. 不到最后关头我决不放弃目标	A	B	C	D	E
8. 我觉得自己还有很大的潜能可以开发出来	A	B	C	D	E

测验评分标准：

各题A、B、C、D、E分别为1、2、3、4、5分，将各题所得分数相加得到总分。

① ≥32分，表示具有非常好的成功品质；

② 24～31分，表示成功品质较好；

③ <24分，表示为了成就自我需要对自己做一些改进。

注：如果得分过低，可以参考题目进行自我调整。

《少年我心》

《少年我心》是岳晓东博士从自我叙述的角度出发，展示青少年在成长过程中经历的混乱、犹豫和幸福。通过对整个过程的心理分析，本文解释了青春期的各种心理变化。阅读这些故事，读者不仅可以增加对青少年心理成长的理解，还可以感受二十世纪六七十年代青少年的生活方式。作者从各个不同的角度讲了自己的人生历程，有成长的烦恼、恋爱的甜蜜、困顿的纠结。在每篇故事的后面，作者还加入了精辟的心理分析，深入浅出地道出了青少年时期种种心理变化的缘由。本书不仅是作者自己的回忆反思，更是不少青少年心理成长的指南。

中国著名心理学家岳晓东博士大学毕业后赴美国深造，于1993年获得哈佛大学心理学博士学位。目前，他是唯一一位毕业于哈佛大学的中国心理学家。他在香港城市大学任教，并在南京大学、华南师范大学和南京师范大学等10多所大学担任客座教授。岳晓东博士在心理咨询、创新思维和青少年偶像崇拜方面做了大量研究，取得了显著成绩。他在国内外各种学术期刊上发表学术论文60多篇，特别是他的著作《攀登天堂的感觉》，使中国成千上万的人开始了解心理咨询，改变了许多人的生活。此外，他写的《青年之心》《哈佛热线》和《批评的艺术》等心理学科普读物也深受读者的喜爱。

◆◆专题4　构建积极的人际关系◆◆

天堂与地狱

有人找到上帝,想知道地狱和天堂有什么不同。上帝先带他去参观地狱。他们先来到一个房间,那里摆着一张长桌,长桌上摆满了各种美味佳肴,桌子边围坐着很多人,可是他们个个面黄肌瘦。房间里的每个人有一双很长的筷子,大家都想把夹起的菜喂到自己的嘴里,可是由于筷子太长,没有一个人能把菜吃到嘴里。所以,这个房间里的人都非常痛苦,看着好吃的菜,却无法吃到嘴里。这个人对上帝说:"这也太可怕了,我还是去看看天堂吧!"于是,上帝便带他到了隔壁的房间。房间里还是一样的长桌,一样的美味佳肴,每个人也拿着一双长长的筷子,不同的是他们看起来很健康!原来,他们都把自己夹起的菜喂到别人的嘴里,这样,人人都能吃到美味的饭菜!大家看起来个个脸色红润、身宽体胖,幸福而快乐。

专题4.1　人际关系概述

亚里士多德曾说:"能独自生活的人,不是野兽就是上帝。"在现实生活中,我们都无法脱离他人和社会而独立生存,我们每天都与他人发生着千丝万缕的联系。可以说,人际关系史就是人类社会的发展史,从古至今,就有许多关于人际关系论述的记载。孟子曰:"天时不如地利,地利不如人和。"他站在军事理论的角度分析了自己对"天时""地利""人和"三者之间关系的认识。他认为"人和"最重要,是起关键性作用的因素。也正因为强调"人和"的重要性,孟子提出了"得道者多助,失道者寡助"的观点。孔子则提出"仁""礼""孝悌""忠恕"等人生信条提醒人们要从日常社会活动做起,构建和谐的人际关系。孔子在回答子贡关于何谓"仁"的问题时,曾曰:"夫仁者,己欲立而立人,己欲达而达人。能近取譬,可谓仁之方也已。"他认为一个人首先要自己先站稳,才能扶助摔倒的人,只有自己先腾达,才能广济天下,这种人才能称之为"仁"。通往"仁"的道路便是从身边小事做起,友善助人。

一、什么是人际关系

人际关系指个体之间由于互相交往所形成的情感联系,通过认知调节、情绪情感体验、行为交往等手段而形成。人际关系是人与人在心理上的关系连接和心理距离。人际关系作为人类特有的心理和社会现象，囊括了人与人之间的一切直接或间接的互动，是人们生活中不可或缺的重要内容。良好的人际关系就像阳光、空气和水一样重要。

良好的人际关系对于大学生健康人格的培养有着重要的意义，培养良好的人际交往能力关乎大学生的职业发展和人生幸福。贾晓波关于大学生社会适应性与职业适应能力调查的研究数据表明：41.98%的学生认为社会交往能力的训练是找工作时对自己特别有帮助的教育内容，其重要性甚至超过了专业能力训练及基础知识与技能的训练。由此可见，大学生人际交往能力是衡量和考察大学生核心竞争力的重要指标之一。

大学生的人际关系指在大学校园文化背景之下所形成的人际互动。它包括了认知、情感、行为三种心理元素，三者是相互影响、相互联系、相互制约的统一体。首先，认知元素反映出大学生对人际关系状况的认知、解释和评价，既是对人际关系知觉的结果，同时又是人际关系形成和发展的基础。其次，情感元素体现了交往的双方在体感体验上的亲疏关系和愉悦程度，是与交往的需求相联系的情感体验，是交往满意度的指标。最后，行为元素是交往双方的外在行为表现，通过语言表达、肢体动作、面部表情、个人风貌等展现个性和传递信息的行为因素，发展出了人际交往的手段和形式。有研究表明，感情相悦和价值观相似，是大学生人际吸引非常重要的两个因素。前者一般作用于人际交往的前期，后者往往作用于人际交往的后期。

二、人际交往的心理效应

（一）首因效应

首因效应，也称为最初印象，是指最初获得的信息比后来获得的信息对印象形成的影响更大，从而使得第一印象在某种程度上主导了总体印象的形成。俗话说"先入为主"讲的就是这个道理，由于第一印象来自较短时间的接触，且无过往经验可对比，主观性较强，难免有失偏颇。例如，一位大学生以专业第一的成绩考入大学某专业，这给班级的同学留下了深刻的印象，即便他以后的专业成绩表现不如别人，同学们也不会认为是他能力不行，而是认为他只是不够努力；相反，如果一位大学生因为心情不好在第一次新生见面活动中表现得比较冷淡，不参与话题的讨论，也不和周围的同学说话，给人留下了孤傲难亲近的印象，那么要转变同学们对他的看法则需要一定的时间和契机。

首因效应给我们的启发是，在人际交往过程中，我们不应该过分依赖第一印象来判断一个人，同时也告诉我们建立良好而深刻的第一印象是人际关系建立和维系的良好开端。如何建立良好的第一印象呢？社会心理学家艾根（G. Egan）提出了一个能帮助我们建立良好的第一印象的SOLER模型。SOLER是一个由五个英文单词的首字母拼写而成的专有名词。S表示在交流时面对对方；O表示身体姿势应该是自然开放的；L表示身体在交流时应该略微前倾；E表示交流过程中保持眼神接触；R表示身体应该放松。研究发现，有意识地在交往过程中运用SOLER技术，能帮助人们养成良好的自我表现习惯，还可以有效增加交往双方的好感和接纳程度。

（二）近因效应

与最初印象不同，随着双方交往的加深，新信息对认知的影响更大，留下更深的印象，最近的印象会稀释或取代最初的印象,对双方的交往产生重大的影响。例如,很多年未见面的朋友,在脑海中留下的最深印象是分别时的情景。某人总是让你感到生气,可是谈到生气的原因,却只能想到最近发生的几件事,这也是近因效应的影响。

首因效应和近因效应并不是矛盾对立的。一般来说,在和陌生人交往过程中,首因效应起主要作用;而在与熟悉的人相处的过程中,近因效应的作用比较明显。这提醒我们在与人交往的过程中要注重第一印象的管理,伴随交往的深入,新近的印象管理也是不可忽视的。

(三)晕轮效应

在印象形成的过程中,人们往往从局部印象的好坏开始,扩散到获得“一切好”或“一切坏”的整体印象,像光环一样,从一个中心点逐渐向外晕开,称为“晕轮效应”,也称为“光环效应”。这样的现象在生活中很普遍,例如,“爱屋及乌”“情人眼里出西施”是正性的晕轮效应,而“厌恶和尚,恨及袈裟”则是负性的晕轮效应。晕轮效应告诉我们,如果我们对一个人的认知只是从局部出发就得出整个评价是有失偏颇的。理解一个人要从多方面、多角度去观察和了解,更要通过积极的沟通和深入的认识才能对一个人形成相对客观的认识和评价,正所谓“路遥知马力,日久见人心”。

(四)刻板效应

刻板效应,又称刻板印象,是指对一个群体使用固定的观点和评价,并对该群体中的个体给予相同的观点和评价。虽然刻板印象能以最省时、省力的方式在一定范围内形成认知判断,但也往往会因忽视个体的独特性而导致认知偏差。生活中的刻板效应就类似于贴标签,给某类群体贴上某个标签,于是群体里的个体也会被看成带有同样标签的人。例如,人们常常认为,老年人是保守谨慎的,年轻人是爱冲动的;南方人是细腻的,北方人是豪爽的;英国人是保守的,美国人是开放的;农民是朴素的,商人是精明的等。刻板效应提醒我们:在人际交往中要与群体中的成员广泛接触,有意识地重视和寻求与刻板印象不一致的信息,以便形成对该群体的更客观、更准确的认知。

(五)投射效应

在人际交往中,一个人总是假设他人与自己有相同的倾向,把自己的价值观与情感好恶影射到外在世界的人、事、物上的心理现象叫投射效应。投射效应的内容可分为三种情形:第一种是相同投射,即从自我出发做判断,例如,一个对他人有敌意的同学,总感觉对方对自己不怀好意,似乎对方的一言一行都是在挑衅自己;第二种是愿望投射,即把自我主观愿望强加于人,例如,恋爱中的男女,男生认为天天接送女友上下学是一种关爱对方的表现,殊不知却成了对方的困扰;第三种是情感投射,即以自我的爱憎指引交往。投射效应提示我们在人际交往中要善于换位思考,多考虑对方的情绪感受和心理需求,要理性辩证地看待自己和他人。“己所不欲,勿施于人”,“己所欲之”也要“慎施于人”。

(六)罗森塔尔效应

罗森塔尔效应是指在某些时候,人们基于对某种情境的感知而形成的期望或预言,会使该情境产生适应这一期望或预言的效应。美国心理学家罗森塔尔对某校学生进行了测试,测试结束后,他随意挑选了 18 人写在表格上,交给了校长,且很认真地说:“这 18 名学生经过测定全都是不可多得的人才。”过了半年,罗森塔尔又来到该校,发现这 18 名学生在校的表现超过一般水平,进步很大。后续跟踪的结果是,这18名学生都在各自的工作岗位上取得了不凡的成绩,这就是著名的"罗森塔尔效应"。随机挑选的学生,他们之所以比其他同学取得更大的进步,是因为作为"不可多得的人才",他们得到了老师更多的关注和积极的期望,这些积极的期望带给了他们更大的发展动力。

罗森塔尔效应告诉我们,期待、信任和赞美具有积极、正向的能量,来自他人的肯定和支持,能增强自我价值感,获得积极向上的成长动力,同时在尽力达成他人期望的过程中维持社会支持的连续性。大学生在与人交往的过程中,应该用积极的眼光看待交往对象,善于发现他人的优点和长处,并真诚地给予赞美和鼓励,形成积极、良好的人际交往态度。

知识链接

仰巴脚效应

心理学家艾略特·阿伦森曾做过一个实验来检验什么样的人最受欢迎,他请测试对象对四段录像中的被访谈者进行喜爱程度的打分。访谈的内容是类似的,四段录像分别呈现了被访谈者的不同表现。

第一段录像访谈的对象是位优秀的成功人士,他取得了辉煌的事业成就。在接受采访时,他的态度自然放松,谈吐不俗,表现很自信,没有一点害羞和紧张的表情,台下的观众对他的精彩表现报以阵阵掌声。

第二段录像访谈的对象也是位优秀的成功人士,不同的是他在台上的表现稍显羞涩和紧张。他在介绍自己的事业成就时,竟不小心打翻了咖啡杯,咖啡汁液溅湿了主持人的衣服。

第三段录像访谈的对象是位普通人,他的成就远不及上两位成功人士。在采访过程中,他虽然比较放松,但也没有精彩的发言,表现并不出彩。

第四段录像访谈的对象也是位普通人,在采访的过程中,他因为紧张,也把咖啡杯打翻了,还溅湿了主持人的衣服。

看完这四段录像后,艾略特·阿伦森让他们选出一位他们最喜欢的和一位最不喜欢的人。结果发现:测试者们最不喜欢的自然是第四段录像中的先生,可让人感到奇怪的是,测试者们最喜欢的并不是第一段录像中先生,而是第二段录像中因紧张打翻了咖啡杯的那位先生,95%的测试者都选择了他作为最喜欢的人。

这个著名的心理学实验说的就是人际交往中的出丑效应,也叫"仰巴脚效应",它指的是优秀人士不经意间犯的小错误,不仅不会令人反感,反而使人觉得他(她)和别人一样真实、亲近、值得信任。相反,如果一个人处处表现完美,几乎让人看不到他(她)的缺点,这反而会让人觉得不真实,从而让人感觉这种人不可信,难以亲近。

"仰巴脚效应"反映出我们在人际交往中的需要:一方面,人们渴望优秀,追求上进,喜欢接触有才华的人;另一方面人们渴望安全,如交往的对方近乎完美,令人可望而不可即,我们会因自尊受挫而感到不安。值得强调的是,"仰巴脚效应"并非让人故意出丑而哗众取宠,而是主张人要用一颗平常心接纳自己的不足,不用完美的标准来衡量自己和他人。

三、人际交往的原则

明确人际交往的基本原则,有助于大学生构建积极的人际关系网络。

(一)尊重原则

自我的存在价值源于他人的尊重、认可和社会的支持。互相尊重、平等待人,是人际交往的一项基本原则。美国著名社会心理学家马斯洛的需要层次理论表明,每个人都有交往的需求和受人尊敬的需求,尤其是大学生,更是需要通过在交往过程中获得尊重和支持以形成积极健康的自我概念。大学生来自五湖四海,虽然在个人出身、家庭经济条件、受教育背景、个性特点、生活方式等方面存在差异,但在人格上是人人平等的。大学生在交往中应坚持相互尊重、相互理解、相互支持的原则。平等对待他人,尊重他人的不同观点、保护他人隐私,不随意揣测、评判他人,是大学生实现健康交往的保证。

(二)诚信原则

诚信是有效人际交往的保障,儒家文化中所讲的"仁义礼智信",其中的"信"就指诚信。诚信是中华文化的传统美德之一,只有交往的双方彼此都抱着善良、真诚态度,才能在情感上引发共鸣。首先,"人无信则不立,业无信则不兴",诚信是为人的基本品质。大学生要建立互相信赖的人际关系,就必须在相处过程中以诚相待,做实在人、说实在话、办实在事,不虚情假意,不投机取巧。其次,大学生在与朋友交往时应该做到言行一致、表里如一、信守承诺。对于朋友的请求,能做到的要尽力予以帮助;对于超出自己能力的请求,则应坦诚相告,切勿信口开河,开"空头支票"。做事应善始善终,做到"言必行,行必果"。再次,以诚相待能满足个人的安全需要,减少交往过程中不必要的误会。

(三)互利原则

人际交往是双向选择,双向互动的过程。将互惠互利作为关系维持的重要原则,使得我们在满足对方需要的同时,也能得到对方的回报。马克思主义强调人与人的互动,要坚持互利原则。互利原则不仅包括精神上的互利,还包括物质上的互利,物质上的互利必须以精神上的互利为前提,才能形成和谐的人际关系。人际交往的双方既要考虑双方的共同利益又要互相关心、互相爱护,深化感情。我们应遵循互利原则与人沟通,在要求的同时,给予他人回报,形成一种关爱、融洽的人际交往氛围。

(四)合作原则

人类社会的发展过程中充满了竞争与和谐的矛盾,功利与情感的矛盾,个人利益与他人利益、社会利益之间的矛盾,这些最终都体现在竞争与合作的矛盾上。社会的高速发展和专业分工的细化使得竞争与合作无处不在。一是竞争与合作相互渗透,相辅相成。二是要正确处理个人与集体的关系。坚持集体主义的价值导向,个人利益要服从集体利益,同时要充分发挥个人的积极性能动性,形成你追我赶的良性竞争局面。三是要处理好主次关系。面对一项任务或者一个困难,必定存在主要矛盾和次要矛盾,在集体合作中,同样存在主要问题和次要问题,需要根据各自的资源和优势进行合理分工,有人担负主要责任,有人起辅助作用,从而使得个人优势在集体合作中最大限度地发挥。

(五)宽容原则

大学生在与人交往的过程中,由于个性特点、家庭背景、童年经历、文化修养等差异的存在,误解和矛盾是不可避免的,这就要求大学生学会宽容。宽容表现为对非原则性问题的不过分计较。宽容还表现在懂得换位思考,学习站在对方的角度去理解问题,善于发现他人的优势,容忍他人的不同观点和行为,在能力所及范围内帮助他人而不是指责他人。人际交往中只有待人宽容友善,交往双方才能展开对话,融洽相处,共同成长。

专题4.2　大学生积极人际关系的构建

一、构建良好人际关系的重要性

良好的人际交往就像大学生成长成才过程中的阳光雨露。良好的人际关系不仅能够满足人的归属需要,大学生还能在文明、健康的交往环境中学会适应各种不同的角色,顺利完成各种社会角色的转变。在互相观察与互相学习的过程中,大学生也在良好的人际关系氛围里得到成长和提升。

(一)满足爱与归属的需要

世界是广泛联系的,人的成长也必然建立在尽可能多的和外界接触的基础上。人是社会性动物,只有投身到人际关系中,通过社会交往获得支持性的信息,才能发展出良好的自我意识。心理从众实验表明,人在各种不同的情境中都表现出服从于群体的倾向,可见人们对于归属于群体的需求是自发且强烈的。大学生只要建立良好的人际关系,便会产生心理安全感,待人更信任、宽容、友爱,同时也会受到来自他人的积极回馈,从而维系着良好人际关系的发展。良好的人际关系,能够让大学生在遇到困难或情绪低落的时候得到同伴的理解和支持,从而体验到在大学生群体中的归属感,感受到被爱、被支持。可以说,良好的人际关系,让大学生在爱的给予和获得中更好地实现了个人与群体的协调发展。

(二)有助于角色学习及社会化

个体从自然人转变为社会人的过程就是社会化。人只有在一定的人际关系中成为社会化的个体,才能学习和承担社会角色。大学生活就像一个微缩的社会模型,大学生在不同的生活情境中体验到了不同的角色,有为人子女的角色、有学生的角色、有学生干部的角色、有兼职公司员工的角色、有学长的角色、有恋人的角色等等,这些角色的形成和转换都要在日常的人际交往过程中得以实现。大学生人际交往有其独特之处:在交往目的方面,注重情感交流和经验的增加;在行为方面,利益争夺少,帮助行为多;在影响方式方面,榜样影响大,从众现象多;在交往规则方面,注重互惠性原则。这些良性的人际交往原则都会被内化到大学生的个人价值体系中,从而指导和调节个人的社会化行为。

(三)有助于健康人格的培养

人际交往对大学生人格发展的影响具体表现在自我认知、思维、行为、性格、价值观形成等方面。大学生通过交往以他人为榜样和参照标准,不断完善自己的人格。良好的人际关系满足了大学生被接受、理解和认同的需求,对自我认知更加全面、更加积极。很多大学生进入大学后有意识地改变自己的性格,“逼”自己和不同的人交往,通过转换角色面对不同的交往情境,个性变得更加灵活。在思维方面,大学生在与同伴交往过程中学会了成熟、全面的思维方式,这种思维方式表现为考虑事情的广度——全面细致,以及处理事情的深度——利弊周全、利己利他。在行为方面,大学生有意识或无意识地关注、学习同伴的各种技能,包括语言表达、人际交往、组织协调能力等。在性格方面,大学生和积极乐观的同伴交往能够获得愉悦、积极向上的情绪,有助于获得学习、工作、交往的成功。在价值观方面,同伴影响了大学生对人的本性的看法,朋友不图回报的帮助行为使得大学生相信人性是善良无私的。

二、大学生积极人际关系的构建

知识链接

快乐源于人际关系

一个青年拜访一位年长的智者,想要了解快乐的奥秘。

青年问:“我怎样才能成为一个既能让自己快乐,也能给别人带来快乐的人呢?”

智者答:“我送你四句话,请你好好体会。第一句话是:把自己当成别人。说的是,当你感到忧伤、痛苦时,就把自己当成别人,这样痛苦就自然减轻了;当你得意忘形之时,把自己当成别人,那些狂喜会变得平和一些。第二句话是:把别人当作自己。这样才能真正理解别人的需要,同情别人的不幸,在别人遇到困难的时候给予力所能及的帮助。第三句话是:把别人当成别人。要尊重他人的独特性,不轻易越界,不随意评判,不侵犯他人的个人空间和核心领地。第四句话是:把自己当作自己。”

青年问:“怎么理解‘把自己当作自己’?又怎么把这四句话统一起来呢?”智者说:“用你一生的时间,用心去理解。”

构建良好的人际关系不仅给大学生带来幸福快乐的情绪体验,更对大学生个人的成长,乃至社会的发展产生重要而深远的影响。大学生如何构建和谐的人际关系呢?我们知道任何一项技能都不是与生俱来的,需要通过后天的观察学习和反复练习才能习得,构建良好人际关系的技能同样需要反复的学习和练习。

(一)有效的沟通是人际交往的基石

想必我们还对法国作家莫泊桑作品《项链》中的主人公马蒂尔德印象深刻吧。她为了参加晚宴,向朋友借了一串“钻石”项链,不料却在回家的路上把这串“昂贵”的项链遗失了,为此她借钱买了一串真的钻石项链还给朋友,而自己却背负了十年的债务。最后,当得知当初向朋友借的是一串假钻石项链时,马蒂尔德内心的懊恼可想而知。设想一下,如果在项链丢失时能和朋友坦诚沟通,结果也就大不相同了。

沟通是人与人之间、人与群体之间思想与情感传递和反馈的过程。沟通的形式包括语言沟通和非语言沟通。语言沟通包括书面语言和口头语言,它能最直观地表达人们的观点和情感;非语言沟通包括面部表情、肢体动作、声音、语气、语调、空间距离等,对非语言线索保持适度的敏感,并给对方以专注的倾听和积极的回应,能够增进彼此的信任,让沟通更顺畅、更有效。

心理训练

人际沟通训练

①记住并念出对方的名字。记住对方名字并且在交往的过程中有意识地提到对方的名字容易让人对自己产生好感。

②给人以真诚的赞美。赞美他人时态度应该真诚,赞美对方应该针对具体的事实和内容,避免给人谄媚、讨好的感觉。

③给人以友善的微笑。

④学会换位思考。

⑤保持适当的交往距离。

⑥学会宽容他人。

(二)理解和共情是人际交往的催化剂

在有效沟通的基础上,进一步去理解对方,与对方产生情感上的共鸣,往往能够让彼此的关系更进一层。理解和共情要求我们在人际交往中学会做一个好的倾听者,不仅要听到对方的言语表达,更要善于留意对方的非言语信息,不仅听到对方言语中的内容,还要听到对方言语中的情绪、情感、需求,这样的倾听才能够让对方有被理解、被共情的感受。如何做到更好地倾听呢？首先,我们在倾听他人的时候应该做到专注,对方产生被关心的感受时才会放下防备,倾吐内心;其次,“倾听”要把自己的想法暂时搁在一边,全神贯注地去听对方的表达,带着不加个人评判的态度去听;再次,要恰当地“回应”对方,通过眼神、点头、鼓励性的语言去表达自己的关注和理解。

(三)理性化解冲突是人际交往的试金石

矛盾和冲突是人际交往过程中不可避免的一个话题,大学生群体也不例外。如何理性面对并化解人际冲突是一项重要的人生课题,更是衡量人际交往的试金石。其实人际冲突产生的根本原因是各自立场不同,看待问题的角度不同,故冲突无对错,如何看待冲突,如何在冲突中寻求各自利益的平衡才是解决冲突的关键。在大多数情况下,双方合作永远比双方较劲好。很多事情是没有确定答案的,换一个角度看问题,也许就改变了冲突的状态。另外,与人合作达到共赢,才是更加成熟的处理冲突的方式。在日常生活中,我们既能够实现自己的愿望,又不让他人感到受伤害,是处理人际冲突的优先策略,是需要技巧的。

第一,我们需要明白的是人与人相处的过程,实质上也是双方相互适应、相互磨合、相互影响与改变的过程。

第二,冲突的发生就是人际适应的契机,适应就要不断做出改变和调整。不要总想着改变对方,改变应当从自己开始;比改变更重要的,是努力去理解对方,给对方以宽容。改变不是从抱怨开始,而是从赞美开始。

第三,化解人际冲突还要学会积极地影响对方。一是学会分析冲突双方的需求所在,通过理性分析、共同协商的态度来达到双方利益的共赢;二是及时给予对方积极的反馈,只要是对方做出的任何有利于改善关系的小举动我们都应该及时肯定对方,表达自己的感激之情;三是对事不对人,有时候矛盾冲突无法在短期内得到很好的解决,这时候我们要学会按下"暂停键",等待时机成熟再处理,而不应该将"某件事"等同于"某个人",更不应该将"对某件事的态度"泛化成"对整个人的态度"。

知识链接

人称代词"我""我们"和"你"是日常生活中经常使用的,它们有不同的使用情境与效果(表4-1)。

人称代词的使用及其效果 表4-1

	优　点	缺　点	小技巧	举　例
"我"的语言	为个人的想法、感觉和意愿负起责任。比"你"字语言所引起的防卫和戒心更少。	可能被人认为是自负的、自我陶醉的及自恋的。	当他人不认为或者没有觉察到是他的问题时,使用"我"字语言;可以结合"我"和"我们"的陈述一起使用。	"你迟到让我很担心。" "我在无聊地上课。"
"我们"的语言	有包括、直接、凝聚和约束的含义。	对别人来说可能不恰当。	结合"我"的语言一起使用;在团体情境下使用"我们"的陈述可以加强团结;在表达个人想法、感觉和意愿的时候,避免使用。	"我想我们有个难题,我们似乎一谈到孩子的教育问题就会吵架。"
"你"的语言	他人导向的信号,尤其是当话题正面时。	听起来有批评和判断的意味。	在对质的时候使用"我"字语言;在赞美或表扬他人的情况下,使用"你"字语言。	"你能把事情考虑得如此周详,我太佩服你了。"

(四)开放与接纳的态度是人际交往的定海神针

美国著名精神病医师埃里克森提出了人格发展的阶段论,他提出人生的每一个阶段都面临着一个危机,度过这个危机,人们才能顺利过渡到人生发展的下一个阶段。对于大学生而言,他们面临的是"亲密与孤独"危机和"自我同一性和角色混乱"危机。埃里克森认为自我同一性是一种熟悉自身、知道个人未来目标的感觉,一种从可信赖的人们中获得认可的内在自信。一个人拥有稳定而积极的自我概念,意味着他(她)有开放与包容的心态,可以接受不同的意见;有良好的自尊,有接纳和完善自身不足的勇气。开放与接纳的态度如定海神针一般,不仅能够构建出稳定的人际关系网络,还能够为交往双方带来积极的影响和愉悦的体验。大学生拥有开放与接纳的态度，就会将这些态度外化于人际交往的过程当中，为同伴提供一种积极的示范，使得人际关系以良性循环的方式得到稳定的维系。

自卑是成长的动力

刘明是一位来自偏远农村的大学生，他自尊心强，觉得自己太笨，口才又差，没有任何方面能够与同学相比的。他家庭经济十分困难，担心同学看不起自己，内心孤独而矛盾。入学后，他常常独来独往。大一上计算机课程时，他发现全班似乎只有他一个人没有任何基础，因为害怕同学嘲笑他，不敢向同学求助。有一次上课时，小王看到刘明没有按老师的要求完成相应操作，就在刘明的计算机键盘上熟练地敲了几个键，刘明突然感到了莫名的羞辱，愤怒地把电脑关掉了。从此以后，刘明更加孤僻，不敢抬头看人，害怕与人说话，自己非常痛苦，甚至想到了退学。而同学们却普遍认为他持重、有耐力，做事踏实，只是不喜欢与人交往而已。试分析刘明在人际关系方面的问题。

点评：刘明的困惑源于自我认知的偏差，自卑让他放大了自己的不足，过度的自我防御，也使他丧失了与人交往的信心与勇气。类似刘明这样的大学生并不少见，其实，自卑的背后隐藏着积极的自我期待，只要以客观、现实的态度去看待自己的不足，全面地看待自己各方面的表现；同时，善于挖掘自己的优点，以开放、接纳的态度重塑对自我的认知。这样，刘明一定可以在人际交往中变得更加坦然、自信，并且得到更多的人际支持。

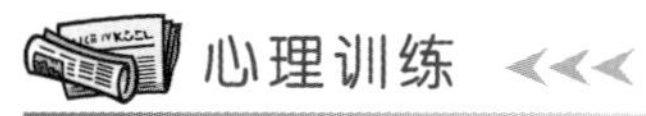

赞美游戏

心理活动：戴高帽

活动目的：学会欣赏和赞美他人，相互体验被欣赏和赞美的感受。

时间：20～40分钟

活动人数：不限，建议8～12人

具体方式和步骤：

全体成员围站成两个同心圆，内外圈的人面对面站立。面对面站立的两个人，都要从对方的身上，找到让自己欣赏的地方，然后发自内心地赞美对方。赞美的语言要具体有针对性，不能泛泛而谈。接下来，内圈的人顺序向右移动，继续赞美。

要真正地用好赞美，是有难度的，赞美有很多的技巧和方法。比如：

赞美要具体化，泛泛的赞美是无效的；

要与自己做比较去赞美对方；

把对方与名人做关联；

逐渐增强正面评价；

夸奖别人的变化,给对方意料之外的评价,等等。

游戏的启示:我们并不鼓励虚伪的赞美,虚伪的赞美和拍马屁没什么两样。美是一种发现,擅长赞美别人的人,通常也擅长发现别人身上闪光的一面。在与人交往的过程中,不妨记住这句话:要想别人怎么对待你,先要看你怎么对待别人。

《被讨厌的勇气:"自我启发之父"阿德勒的哲学课》

《被讨厌的勇气:"自我启发之父"阿德勒的哲学课》,由岸见一郎和古贺史健著,渠海霞译。这是一本深入浅出的好书,既适合作为大众的自助手册,也可以作为专业人员的临床指南。本书以对话体的形式写就,阅读的时候会感到非常亲切,跟随书中两位主角的辩论,我们会进入一个心灵成长的世界。书中没有吸人眼球的精神障碍的案例,更多的是一些每个人都会遇到的人生议题:"要不要活在别人的期许里?""如何面对自己的缺陷?""如何处理自己的人生课题?"等,在阅读的过程中,我们甚至会觉得自己就是书中那位不断提问的青年……

夜晚,一位愤世嫉俗的青年拜访了哲人的小屋。

他听说哲人主张"世界极其简单,人人都可以获得幸福",便决心当面推翻这种谬论。世界一片混乱,像他一样烦恼和痛苦的人到处可见,得到幸福哪里容易了?哲人却告诉他这样的道理:

"一切的烦恼都来自人际关系。"

"所谓的自由,就是被别人讨厌。"

这怎么可能?怎么会有人想要被人讨厌!消除人际关系的烦恼,人生的目标就仅止于此吗?

青年为这恶魔一般的思想而着迷,他们开始了激烈的辩论。一天又一天过去,青年反而陷入了沉思:

人真的可以摆脱过去的创伤吗?

为什么说自卑感不是真的?

满足别人的期待有什么不对的?

人最大的不幸,是讨厌自己?

不是缺乏能力,而是缺乏勇气?

此时,扳倒对方的决心,已经变成了对真相的追求。青年再一次推开了小屋的门……

◆◆专题5　积 极 学 习◆◆

得鱼不如得渔

从前,两个身无分文、饥饿瘦弱的人一起寻找食物。偶遇一位好心的长者,得到了长者的恩赐:一根鱼竿和一篓鲜活的鱼。他们各自拿了一样东西,一个人拿了一篓鱼,一个人拿了一根鱼竿后,就各奔东西了。得鱼者马上寻找附近的树枝,搭起篝火便煮起鱼来。他狼吞虎咽地吃了起来,不一会儿,鱼便被吃了个精光。不久,他又开始感到饥饿,一直在等待着赐给他食物的长者的出现,一直到他饿死在空空的鱼篓旁,长者也没出现。另一个得鱼竿的人忍受着饥饿,寻找大海。当他找到大海时,最后的力气也用完了,在倒下去的时候手里还紧握着鱼竿……

又有两个身无分文、饥饿瘦弱的人一起寻找食物。偶遇了同一位好心的长者,同样得到一篓鲜活的鱼和一根鱼竿。他们没有各奔东西,而是共同商量并决定一起合作,一同寻找大海。他们每餐只食用篓里的一条鱼,经过长途跋涉,终于找到一片广阔无垠的大海。从此以后,他们以捕鱼为生,过上了幸福安定的生活。

专题5.1　大学学习概述

从古至今,人类都是在不断的学习中进步的,人类文明也都是在人类不断的学习中发展的。因为学习,人类突破一个又一个难题,把梦想逐步变成现实,上知天文下知地理,造就了今天科技发达的世界和丰富的精神家园。

古往今来,有大量论述学习的文献,如《论语·学而》中提及的“学而时习之,不亦说乎”;左宗棠提出的“学如才识,不日进,则日退”;毛泽东同志曾说“读书是学习,使用也是学习,而且是更重要的学习”;陈景润提及的“学习要有三心,一信心,二决心,三恒心”;乌申斯基提到的“学习是劳动,是充满思想的劳动”;陶行知提出的“学生的职务是千学万学,学做真人”。学习是人们获取知识的重要方式,贯穿人的一生。可见,无论何时何地,学习必不可少。

一、学习的概念

学习的概念分为广义和狭义。广义的学习,指学习是由于经验所引起的行为或思维的比较持久的变化。其特点包括学习的发生是由于经验所引起的、学习引起的变化见之于行为、不是所有行为的变化都意味着学习、学习不是人类普遍具有的,动物也存在学习。

狭义的学习,指学生在学校中的学习。其特点包括掌握间接经验为主、是在有计划有目的和有组织的情况下进行的、学习的主动性和被动性并存。

知识链接

“不会学习”使动物进化不如人

俄罗斯专家研究发现,大多数动物不会重复运用其具有闪光点的“发明”,这是其进化水平落后于人类的主要原因之一。

据俄罗斯媒体报道,俄罗斯科学院动物分类和生态学研究所专家列兹尼科娃经过大量调研后发表文章说,年幼的野兽、鱼类、鸟类甚至昆虫都能从其母亲那里学到基本生存技能,但这些能力属于遗传学上的本能,只有少数动物能够“发明创造”。例如,部分野生黑猩猩能够使用身边最简单的工具;一些日本猕猴会用水清洗食物;同一池塘附近属于不同群体的灰家鼠捕食技巧各有千秋。

但研究人员发现,除了人和经过人训练的黑猩猩外,其余动物均不会准确地重复具有智慧闪光点的某些“发明”,它们大多根据自己的方式模仿“发明”内容,“发明”中的“精髓”没得到传播。“发明者”自然死亡后,它们的“发明”也就随之消亡了。甚至偶尔使用了某些特殊工具的黑猩猩没过多久就不再用这些工具,更不用说制造工具了。

二、大学学习的特点

在大学期间,大学生通过学习,提高自身综合素质。学习是大学生成长成才的基础,是大学生在教育者的指导下,有目的、有计划、有组织的通过各类信息的影响,促进个体的身心发展,以达到所期望的状态,成为适应并能够在一定程度上促进社会发展的人。大学学习与中学时期的学习相比,存在着许多不同之处,有其独特的特点和规律。

(一)学习的专业性

大学生学习的课程内容更加专业。中学处于基础教育阶段,学生更多的是学习基础知识,在同一年级,中学生所学的课程内容基本相同,而大学是专业教育阶段,大学生在入学前会根据自身的情况在填报志愿时选择专业,在大学期间对某一专门领域进行有针对性的学习和研究。

大学生的学习是根据自身的职业发展目标,有针对性地选择并确定基本专业方向后进行的。学习的内容不再是普遍的全面的基础知识,而是纵向深入的专业知识。大学生要通过学习深入了解和掌握本专业的基本理论,把握本专业领域的前沿信息,关注与本专业相关的权威论述等,以适应社会对各领域专业人才的需要。

然而,专业性并不等同于单一性,不同专业学科之间同样具有相互渗透、相互交叉的关系。因此,大学生在深入学习专业知识的同时,还要广泛涉猎相关学科的信息和知识,这样一方面可以促进本专业内各门知识的掌握,另一方面还可以扩大自己的知识面,实现“一专多能”,更好地适应社会发展的需要。

(二)学习的自主性

大学的学习要求大学生有良好的自我控制力、时间管理能力和规划意识,结合自己的实际情况,合理地确定学习目标和制订学习计划,科学管理和利用好自主的时间,自律自学,利用丰富的学习资源,增强自身学习能力。大学生的学习具有明显的自主性,具体涉及学习内容和学习时间两个方面。

1. 学习内容方面

大学的教学计划中设置有公共必修课、专业基础课和选修课,大学生可以根据自己的兴趣、爱好、特长和未来发展需要选择适合自己的课程。另外,大学生还可以在课外选择符合自己兴趣或是对职业发展有帮助的知识内容和实践活动,获取知识。

2. 学习时间方面

相对于中学紧凑的课堂时间,大学的课时比较少,课后时间较多,大学生可以根据自己的计划,自主地安排学习时间。既可以按照不同的学习内容、感兴趣的学习方向合理地安排学习时间,也可以根据自己的学习状态,适当地把握学习的节奏,提高学习质量和效率。

(三)学习的探索性

大学阶段是个体智力发展的高峰期,智力上的成熟使大学生具备深入思考和研究的基础。大学生的学习具有探索和创造性质。大学的学习已从接受既定结论逐步转向了解各学派理论观点、各理论存在的分歧及最新学术动态等方面。大学生的学习不同于中学时期的学习,不能仅限于掌握基本的知识,而是要有一定的科研能力要求和探索知识形成过程的思维模式。大学生的学习要有一颗勇于探索、勇于挑战的心,学会发现问题和自主寻找解决问题的方法,在探索中提升对学术研究的热情。

(四)学习的实践性

如今,大学生的学习不再一味的要求成绩高、理论强,而是更加偏重于理论知识的掌握,将理论与实践更好地结合,广泛地参与社团活动和社会实践,提升学习技能,使社会经验不断丰富,综合性全面发展。例如,大学生可利用课余时间寻找与自己专业相关的兼职工作,参与专业实习等。

(五)学习途径的多样性

随着互联网信息化时代的发展,各高校在教育教学的方式上有新的变化,教师的角色也从学生的知识中心转变为引导和指导学生学习。大学生的学习途径呈现多样化,开放式教学为学生提供多种学习平台,学习方式更加多元化。在大学期间,学生可以利用多种学习资源、通过多种学习渠道、多种学习形式进行学习。大学生除在课堂学习外,还可以利用图书馆、资料室或多媒体网络查阅相关的资料信息,可以参加各种专家讲座和学术报告,也可以参与导师的科研课题,参加校园第二课堂活动、科技活动,参与各类专业实习和实践活动等。

三、大学学习的任务

(一)学会学习

大学时期的学习要求锻炼独立自主的学习能力,树立自主学习的意识,了解学习的意义,不再靠他人的监督和督促。要求学会培养高效、科学的学习方法。养成良好的学习习惯,合理制订学习目标,具备综合分析信息的方法和能力。学会学习是一个过程,不是一蹴而就的,需要具有培养自己学会学习的意识。

(二)学会做人

从心理健康方面来说,学会做一个全面发展的人。学会做人是学会做事和学习的基础,不会做人就不会做事,也将影响学习的心情和效果。

(三)学会做事

大学生应当珍惜在学校学习的宝贵时间,学会自我管理、自我监督,掌握正确的处事方法。培养专业知识能力、辨别是非能力、组织管理能力、敏锐的信息搜集、综合、分析能力、建立良好的人际关系、勇往直前的开拓创新能力等。

(四)学会生活

大学生应结合自身的情况,不断调整自己的规划,养成文明良好的生活习惯、积极向上的生活态度和合理健康的生活规律,学会生活。

迷茫的小石

小石是刚入学的大一新生,高考成绩优异。她认为大学的学习和高中的学习相似,仍然延续着高中的学习方法。慢慢地,她发现大学的老师不像高中的老师一样关心她的学习,讲的知识内容不太详细,有时上课的内容与课本上不一样。她每天埋头苦读,抱着课本不放,不参加学校的课外实践活动。小石全身心地把时间和精力都放在学习上,但每次考试成绩都不理想。小石发现自己的付出与收获不成正比,根本不适应大学的学习生活,她不禁迷茫困惑起来。小石之所以出现这种情况,主要是因为她不了解大学学习与高中学习的区别。大学学习不同于高中学习,应根据自身的实际情况制订适合自己的大学规划。

专题 5.2　最佳学习状态的培养

在高中时代,我们就已经对大学的美好学习生活展开想象,对大学的生活满怀憧憬。从我们踏入大学校园的那一刻起,不论高考的分数有多大差距,大学的新生活意味着我们站在同一条起跑线上,往哪个方向跑,如何跑,如何跑得更快,都需要我们提前做好规划,先制订学习目标,少走弯路。大学的学习时光说长并不长,稍纵即逝,如何让毕业后的自己觉得不辜负大学时光,对就业方向不会感到迷茫,就应不负大学时光,运用自己所学的专业知识,了解就业发展趋势,结合自身的兴趣,培养最佳的学习状态,为自己量身规划大学蓝图。

一、培养良好的学习习惯

良好的学习态度、学习方法和学习兴趣等,会逐步培养良好的学习习惯。良好的学习习惯不是与生俱来的，也不是一蹴而就的，是需要坚持不懈，不断摸索调整，一点一滴，从简单到复杂逐步构建、培养起来的，能够持续稳定地发展。良好的学习习惯的培养是大学生有效学习的关键。培养良好的学习习惯，对大学生的学习和未来发展有促进作用。

二、掌握高效学习的方法

没有规划的学习是荒唐的，高效的学习方法能够事半功倍。掌握高效的学习方法，要求先根据自身的实际情况，制订相应的学习规划和计划，合理分配学习时间，逐步完成学习目标。

(一)制订学习目标

每学期、每次课，都要有明确的学习目标，这有利于集中注意力，全面完成学习任务。学习目标不是随心所欲制订的，而是要结合自身的实际学习情况、时间分配情况、自我学习管理能力等方面综合考虑确定。学习目标可以分阶段划分，分为短期目标、中期目标及长期目标。明确地制订目标，能减少时间的浪费，提高学习效率。

(二)分享学习经验

俗话说："三个臭皮匠，顶个诸葛亮。"当我们有好的学习心得和经验时，主动与他人分享交流是值得赞美的。在不断的分享交流中，我们可以互相学习互相借鉴，获取更多的学习方式，享受学习给我们带来的乐趣。在与他人的分享交流中，我们能了解到其他人的不同学习经验，结合自身，不断改进自己的学习方式，从而提高学习效率。

(三)擅于利用资源

要充分利用电教设备和课外资源，拓宽知识面，提高学习效率。学习不一定非要上课，也可以利用课余时间和节假日，到图书馆浏览报刊、书籍。英国文学史上最杰出的戏剧家、欧洲文艺复兴时期最重要、最伟大的作家威廉·莎士比亚说过："书籍是全世界的营养品。"英国文艺复兴时期最重要的散文家、哲学家弗朗西斯·培根曾说："书籍是在时代的波涛中航行的思想之船，它小心翼翼地把珍贵的货物送给一代又一代。"学会在浩如烟海的书籍中，选取自己的必读之书，就需要有读书的艺术。下载 App 和浏览专业网站、购买专题教学音像碟片，都能学到想学的知识。如果没有学习的能力，不擅于利用电子设备和信息资料，将会成为无力应变的现代文盲。

心理训练

快速阅读能力训练

训练前，先阅读一段 300 字左右的文字，记录下时间。

开始训练：每人准备一张纸，长方形、正方形的都行，在纸条的四个角，用笔涂黑或者涂蓝出一个小圆圈。然后，右手拿住纸条，放在离眼睛适当的位置，眼睛开始扫描，先以顺时针方向扫描，越快越好(注意：一定要有扫描到小圆圈)，然后，开始对角扫描，最左上角扫描至最右下角，再到左下角扫描至最右上角。越快越好。

训练后，再阅读同样字数的另一段文字，记录下时间。对比两次阅读时间有无变化，阅读速度有无提高?

三、做时间的主人

(一)珍惜时间

大学美好的时光非常有限,稍纵即逝。在大学期间要珍惜美好的学习时光,不能浪费时间。一寸光阴一寸金,寸金难买寸光阴;黑发不知勤学早,白首方悔读书迟。英国著名博物学家、教育家托马斯·亨利·赫胥黎曾说:“时间最不偏私,给任何人都是24小时;时间也是最偏私,给任何人都不是24小时。”对每个人来说,时间都是平等的,任何人都不会比他人多一秒或少一秒。大学生如果能够合理地规划时间、科学地利用时间,就会使学习效率大大提高。大学生可以根据自己的学习习惯、生理特点以及可利用的时间段,有计划、有目的地安排学习时间。要珍惜每一天,在每一天学出价值,收获知识。

(二)合理安排时间

足够的休息时间和良好的睡眠质量有利于学习,提高学习效率。大学生要协调好学习和休息两者的时间,养成早睡早起的良好作息规律,在自律中进步,学会做时间的主人。

1. 作息时间

合理、正常的作息时间安排,需要根据自身的身体情况和学习、工作时间分配安排。规律的作息能提高学习和工作的效率,达到劳逸结合。一旦安排好作息时间表,就要严格按照规定的时间执行,切勿因为个人懒散的性格随意改动。今日事今日毕,不能明日复明日,打破作息时间安排。要处理好学习与工作、社团活动等方面的关系,时刻牢记自己的本职工作是学习,学习是大学生活中最重要的事,其他活动都应该是在不影响学习的前提下进行的。

2. 黄金时间

在精力最充沛、注意力最集中、学习效率最高的黄金时间,做最重要的事情。事分轻重缓急,在有限的时间里把最重要的事情安排在精力最充沛和集中的黄金时间内完成,会达到事半功倍的效果。在同一个时间段,要分清事情的主次,根据事情的重要性和紧迫性,将计划要做的事情罗列到清单上,然后按照所列顺序合理安排时间,把重要的事情提前完成。

3. 零散时间

大多数人往往不重视零散时间。其实,对零散时间、碎片化时间加以利用,积少成多,就能得到更多的时间,完成更多的事情。因此,越是善于利用零散时间的人,收获也会越多。1903年,英国数学家科尔因攻克一道200年来无人攻破的数学难题轰动全世界,这是他用了近三年的星期天来完成的,可见利用好零散时间也是很重要的。

知识链接

高效利用时间的名人

拿破仑是法国显赫一时的政治家、军事家。一次宴会,有几位将军迟到了。拿破仑没有等待迟到的将军们,一个人先吃了起来。几位将军到达时,他已经吃完了。拿破仑对他们说:

"各位将军,宴会聚餐的时间已经过了,现在开始研究事情吧。"他丝毫不理会那些不遵守时间的将军们的饥饿和窘境。

被誉为"二十世纪东亚文化地图上占最大领土的作家"的鲁迅,非常珍惜时间,他每天都充分利用时间。他说:"时间,就像海绵里的水,只要你挤,总是有的。"鲁迅读书的兴趣十分广泛,又喜欢写作,他对于民间艺术,特别是传说、绘画,也深切喜爱;正因为他广泛涉猎,多方面学习,所以时间对他来说,实在非常重要。他一生多病,工作条件和生活环境都不好,但他每天都要工作到深夜才肯罢休。

现代中国著名的经济学家和教育家王亚南,在小时候就已经胸有大志。他酷爱读书,在中学时,为了挤出更多的时间学习,特意把自己睡的木板床的一条脚锯短半尺,成为三脚床。每天读到深夜,疲劳时上床去睡一觉后迷糊中一翻身,床向短脚方向倾斜过去,他一下子就被惊醒,然后便立刻下床,伏案夜读。天天如此,从未间断。结果,他年年都取得优异的成绩,后来成为我国杰出的经济学家。

专题5.3 大学生学习能力的培养

著名物理学家阿尔伯特·爱因斯坦说:"高等教育必须重视培养学生具备会思考、会探索问题的本领。人们解决世界上的所有问题是用大脑的思维能力和智慧,而不是搬书本。"大学生能否顺利开展大学的学习生活,重要的前提是要树立正确的学习观念。正确的学习观念对大学生的学习有正面的影响。大学生应当树立远大的目标,勤奋刻苦,积极进取,明确读书的意义,注重对自身学习能力的培养。树立正确的学习观,提高学习热情,培养自学能力、咨询能力、实践能力和创新能力,全面发展自我,实现自我价值。

一、自学能力的培养

自学能力并不是天生的,不是与生俱来的,而是需要通过后天慢慢地培养形成的。大学生在培养自学能力前,对自身充分肯定,满怀自信是很有必要的。培养自学能力的方法多种多样,选择适合自己的方法,加以提升。

(一)培养自主学习习惯

大学生的自主学习习惯不同于中学时期,要靠自律自学、自我监督和自我管理,培养自主学习的能力,而不是靠老师的监督。时时用心、事事用心。按照自己的学习目标与兴趣,有选择性的学习和吸收知识。在不断尝试和培养中发现适合自己的学习方法,不断改进,并成为一种习惯。

(二)充分利用网络资源

新时代,互联网已融入大众的学习、工作和生活中,与人们的生活息息相关。对于大学生,网络资源更是学习、获取知识的必备渠道。以前,获取知识主要通过阅读书本和实践经验,知识的来源限制性大。现如今,作为信息时代的主角,各种网络平台为人们提供多种方式,且运用更加便捷。一些网络公众号、App、知乎、百度等平台资源丰富,大学生可以根据自身的需求,充分利用网络资源,快速收集相关文献和内容,帮助学习。

(三)积极参与课外实践

理论与实践相结合。大学生只学习理论知识,不积极参与课外实践,不积累实践经验,对自身知识的储备和学习能力的提升是没有多大帮助的。在国家对大学生素质教育的重视下,大学生第二课堂的活动丰富多彩。校园生活因第二课堂的活动而更加丰富,大学生在活动实践中锻炼了自己的学习能力、管理能力、沟通能力等。专业知识与课后活动相结合,充分发展大学生的德智体美劳。

二、咨询能力的培养

单凭一个人的力量,是有限和弱小的,个人的学习会缺少有益的借鉴和相互竞争。因此,大学生在学习过程中应主动与同学进行合作学习,适时地与老师进行交流。

通过同学之间的合作讨论,可以吸取他人身上的优点,补充自己的不足,同时能在浓厚的学习氛围中增强学习的动力。同学之间的研究和学习,还能激发自己的创新能力。

通过向老师请教,可以解决学习过程中的疑难问题,还可以就自己的观点和看法与老师进行探讨,学习和借鉴老师的思维方式和研究方法,拓展自己的思维空间。

三、实践能力的培养

人类的所有知识都来源于人类的实践活动,在实践中我们才能检验知识的正确性,同时我们依靠正确的知识来指导实践活动。大学生的学习和发展不仅仅是通过读书来实现的,更重要的是在实践中锻炼和积累。理论结合实践,两者相辅相成。大学生对知识的掌握只是完成了学习过程的第一步,更重要的是将所掌握的知识运用到现实生活中,做到学以致用。

学习书本的知识能启迪我们的智慧,提升我们的文化素养,而实践活动则能提高我们的综合素质。例如,参加社团工作可以锻炼自身的社交能力和表达能力,也可以展示自己的才能;做学生干部可以树立为他人服务的意识,提高自己的协调能力和组织能力。这些能力是每个人参与社会活动所必需的。

大学是一个宽广的舞台,它除了为大学生提供学习知识的平台外,还提供了许多参与校园内外实践活动的机会,如公益活动、社团工作、勤工助学、企业单位实习等。同时,大学生也可以为自己创造参与实践活动的机会,如假期社会调查、家教服务等。大学生积极参与社会实践活动,能从实践中获得丰富的知识和社会经验,提高自身的实践能力。

四、创新能力的培养

正如物理学家阿尔伯特·爱因斯坦所说:“要是没有能独立思考和独立判断的有创造力的人,社会的向上发展就不可想象,正像没有供给养料的社会土壤,人的个性发展也是不可想象的一样。”创新是民族的灵魂和发展的推动力。创新推动人类社会的进步和发展。当代大学生正处于知识迅猛发展的时代,单纯地掌握知识已不能满足社会对人才的需求,大学生还必须具备较强的探索能力和创新能力,才能适应时代发展的需要。

坚持独立思考的立场,批判性地接受所学的东西,对待各种事物和现象不人云亦云。创新能力带动大学生的学习能力。大学生在学习的过程中,除了从教材、老师的授课讲解中掌握知识，自身还应能够提出新颖的观点，有独到的见解。创新能力让大学生敢于寻求新的突破，敢于另辟蹊径，不受约束，不断思考不断发现问题，提出新的思路、新的观点。创新能力的培养能够让自己快速进步，活跃头脑，激发自身的潜能。

囊萤夜读

在晋代时期，有个名叫车胤的孩子，自小生活在穷苦家庭。因为家庭环境问题，车胤没有良好的学习环境，就连夜晚读书用的油灯也没钱支付，但这也改变不了他好学不倦、积极学习的毅力。车胤只能利用白天的时间学习知识。在一个夏日的夜晚，当他在阅读一本书时，突然发现有许多萤火虫在飞舞。这些闪闪发亮的荧光，在黑夜中显得格外明亮。他突发奇想，如果能把这些萤火虫用白绢口袋收集在一起，不就能制作成一盏明灯，为学习提供光明吗？于是，他收集了十多只萤火虫。此后，他经常用萤火虫做成明灯来看书。他的勤奋好学和坚持不懈让他走向成功，最后成了一位高官。囊萤夜读的故事也广为流传。

《掌握学习智慧——打造积极学习》

《掌握学习智慧——打造积极学习》一书，由王海英老师主编。根据青少年在学习中表现出的心理发展的特点，把青少年朋友学习中的困惑与烦恼分为六个部分，即学习的目标和策略、学习动机的激发、学习能力的培养、学习习惯的养成、学习挫折的面对和考试心理的调节。通过浅显的故事、有趣的插图，展现青少年学习中常遇到的一系列问题，并对具体的问题进行心理学的剖析，探讨此类问题产生的多方面原因，在此基础上提出具体可操作的解决建议，为青少年以愉悦的状态、饱满的热情投入到学习生活中提供指导。通过学习书中六个部分的内容，真正做到“学会学习和积极学习”，帮助同学们解决学习上的困惑，掌握学习的智慧。

◆◆专题6　增进积极的身体行为◆◆

精神寓于运动,运动改变人生

"现在,我可以自豪地说,这辈子,我没有白活。"这是中国女子坐式排球队员李丽平发出的生命感慨。曾几何时,因遭遇车祸,李丽平曾一度想到轻生,是坐式排球帮她重新找回了自尊、自信和人生希望。

南非残疾人游泳选手纳塔莉是历史上第一位同时取得奥运会和残奥会参赛资格的截肢女选手。"人有的时候必须具备向更高层次挑战的勇气和信心,很幸运,我就是这样的人。"身体残疾的她,说出了这样自信满怀的话。

"精神寓于运动"是国际残奥会的格言。残疾人运动员用他们在竞技场上的精彩表现,生动地诠释了这句格言的真谛。残疾人凭借他们坚韧顽强的意志,克服常人难以想象的困难,刻苦训练,顽强拼搏,以令人瞩目的成绩征服赛场,最终赢得他人的尊重。是体育,改变了他们的人生,是体育,赋予了他们第二次生命。

现实生活中,我们每个人都可能面临重重压力、困难险阻,也会有彷徨、无助、悲观、绝望的时候。残疾人运动员用他们的斗志和乐观,为每个人在生活的道路上战胜困难、战胜自我提供了绝佳的参照坐标。

专题6.1　积极身体行为

早在两千多年前,柏拉图说过:"要明白,做就是最好的事情。"所以当我们理解了积极心理学的诸多作用之后,更为关键的是怎样运用起来,以有效改进我们的生活。

一、积极行为研究的兴起

我们人类透过五种感官来经历生活:视觉、听觉、嗅觉、味觉以及触觉。我们所有的体验都是来自感官,并且对我们透过感官所得到的感知做出反应,产生思想、感觉、欲求以及行动。

(一)关于积极行为

美国行为主义心理学家华生在他的操作性条件反射理论中指出,有机体(动物或人)做出一个特定的行为反应,这个行为反应导致环境发生某种变化,即发生了一个由有机体引起的事件。这个事件对有机体而言,可能是有意义的、积极的,也可能是无意义的、消极的。不管是哪一种,这个事件都会对有机体后续反应有影响。如果事件具有积极价值的话,有机体会更倾向于做出同样的行为,如果是消极价值的话,则会抑制该行为。

心理学上一般认为,积极行为指个体主动地去实施的行为,具体说来是通过发展积极行为的策略和系统改变的方法,调整个体与环境的互动关系,达到预防和减少问题行为、改善生活质量的行为干预模式。

(二)积极身体行为

心理学上把个体的行为分为外显行为和内在行为两种,积极行为也就包括了积极外显行为和积极内部行为,积极外显行为集中表现为积极的身体行为。

1990 年 Horner 等人创建积极行为支持这一方法,试图对个体行为实施系统干预。所谓积极行为支持,指借助教育、引导等方法和手段发展个体的积极行为,用系统改变的方法调整环境,达到改变个体生活方式,预防和减少个体问题行为,最终提高个体生活质量的目的。至今,积极行为支持的方法,在家庭、学校和社区情境中均得到了深入的研究,获得了广泛的应用,并逐步形成了系统化预防干预的问题解决模型。

二、培养积极的身体行为

既然积极的身体行为是个体主动把主观意愿通过外显行为反映出来。那么,积极身体行为可以培养吗?诚如积极心理可以被传授一样,积极行为也是可以培养的。这里介绍启动积极身体行为的“心流”的方法。

“心流”(fow)是美国心理学家奇克森特米海伊提出的概念,是描述那种伴随高度集中注意力的活动而出现的心理状态。“心流”可被描述为全力以赴去工作时的体验,这也是为什么这一概念放在积极心理学中来研究的原因。奇克森特米海伊阐述了“心流”的现象,研究了它产生的条件和结果。通过多个研究,心理学家发现,当技巧与挑战处于最佳平衡状态的时候“心流”最有可能产生。

我们在各种各样的活动中都能体验到“心流”,如工作或玩耍时,不过在那些自愿进行的活动中更能体验到“心流”。例如,在高职学生中,让他们专注于理论学习一般很难体验到“心流”,但让他们从事实践活动,不管是实训课程还是因兴趣加入的社团活动,都较容易体验到“心流”。

心理训练

建立每天行为评价账簿

我们也许根本不用停下来想,究竟是什么组成了美好的一天,这使得这项活动独特而不落俗套,即使我们进行了反思,从具体意义上讲,我们的答案或许并不正确。所以,整理出一个记事本或者一叠纸或者创建一个工作表记录下你一天中所做的事情吧。有些人觉得每个小时都记录一下所做的事情很容易,另外一些人则喜欢只记录一天中重要的事情。

无论如何,在一天要结束的时候,写下对这一天的总的评价,具体评价标准如表6-1所示,按1~10写下对这一天的总评。

具体评价标准表 表6-1

评　分	标　准
10	这是我生命中最好的一天
9	这是十分突出的一天
8	这是极好的一天
7	这是很好的一天
6	这是不错的一天
5	这是普通的一天
4	这是低于平均水平的一天
3	这是不好的一天
2	这是糟糕的一天
1	这是我生命中最糟的一天

这样做两周,能坚持一个月则更好。在你完成之前不要回顾之前的记录,但是可以回头看看这些天和这些周的状态。比较在好日子里和坏日子里你都做了或者没做哪些事情。每个完成这项练习的人都报告说整体的形式很明显,他们都为此感到惊讶。

我发现在我自己的例子当中,我搞定了那些一直困扰着我的事情,有工作中的(例如,为一个申请法学院的学生写推荐信),也有家庭里的(例如,打扫卧室)。请注意,这些活动并没有让我开心不已,但是它们确实让这一天变得更美好。相对而言,在坏日子里,我什么都没有完成,不管还有什么事情已经在进行中或者有多少有价值的工作已经开始着手去做。

于是我决定,每天都要完成一些事,这个策略对于那些只要经常去做就能完成的活动来说很奏效。但是我已经写了这本书几个月了,当然我不可能在一天内完成它。而我一天可以写500字,几乎每天都在写,这确实是我正在做的。这样我就可以拥有很多很多的好日子,也包括今天。

专题6.2　体育运动有益健康

一、什么是体育运动

体育运动是在人类发展过程中逐步开展起来的有意识地对自己身体素质的培养的各种活动,如走、跑、跳、投以及舞蹈等多种形式的身体活动,这些活动就是人们通常称作的身体练习过程。体育运动内容丰富,有田径、球类、游泳、武术、健美操、登山、滑冰、举重、摔跤、自行车等多种项目。

在中医看来,运动就是运气活血,体育运动的本质是以身体练习为手段,发展身体,增强体质。体育运动能培养我们的能力与习惯,从行为模式的角度看,某些运动能力还是一个人综合能力的重要组成部分。

二、体育运动有益健康

青少年参与体育运动可以保持健康，扩展社交圈，体验更多积极情绪，学习和培养运动技能等等，体育运动对于大学生的身心健康有诸多益处。

1. 帮助改善个体的精神状态

当一个人在运动的时候，大脑会分泌一些化学物质，而这些化学物质恰好是神经传导通路所需要的。也就是说，当一个人跑完步之后，大脑最容易产生新的神经传导通路。所以，一个人在早上或是在一天做过运动，那么他可以更好地记住所读过的或是听过的内容，促使记忆力增强。如果连续运动几次，运动过后会变得更加有创造力。这是自然赋予人的力量，当释放这些化学物质的时候，人的状态往往是最好的。

2. 有利于保持最佳体重

我们每个人的基因都规定了我们应有的体重，决定当体重在标准值之内能使人的身体状况和身心状况都保持在最佳状态。如果我们运动，我们就能保持住这个水平，此时的我们就是健康的；一旦我们不运动的话，我们的体重就会增加；当然，运动也可以帮助我们恢复到应有的体重。这就解释了为什么那些没有结合运动的减肥方法大都是不成功的，因为这些减肥方法在使我们的身体一直向自己应有的基本水平靠近，如果我们不运动，这个过程就变得很困难。

3. 有效减轻心理压力

体育锻炼不仅能提高人体的工作能力，对加速人体疲劳的恢复也具有显著的促进作用，同时能够缓解心理压力，调节人们的情绪和心情。特别是集体的体育锻炼活动，不仅会增强人们的身体素质，还能够提高个人在社会生活中的人际交往能力。人们能通过体育锻炼达到完成任务的快乐和实现目标的愉悦。适当地进行体育锻炼活动，不仅可以增强人的身体自我意识，还能改善人体的精神状态，产生积极的情绪体验。

4. 可以防治心理疾病

哈佛医学院教授约翰·瑞提的研究证明，运动可以帮助人体释放更多的神经递质、肾上腺激素、血清素、多巴胺，它们都和最重要的精神疾病药物非常类似。有研究显示，一次性活动运动和长期的体育运动均能有效地降低抑郁，有氧运动和无氧运动均可降低抑郁，身体运动比放松练习和其他愉快活动更能有效地降低抑郁。这表明，体育运动对治疗、降低抑郁症具有明显作用。

三、如何开展体育运动

1. 制订运动计划

体育运动应根据个人的具体情况，制订总体目标和长远计划。课余锻炼是在校大学生主要的锻炼时间，根据作息时间和课程安排制订锻炼时间。如早操、课间操、慢跑等内容可相对固定，除此之外可以根据实际情况增加其他运动项目。例如，周一、周三、周五下午4:30开始进行体育锻炼，内容分别是周一长跑距离3000米、周三篮球活动、周五器械练习。一旦订出计划，都应克服困难去完成。

2. 掌握好运动频率、时间和强度

运动的频率是指一定时间内参加体育锻炼的次数，一般以一周作为计算时间，通常以每周3～5次为宜。运动强度是指参与体育锻炼时人体所承受的运动生理负荷量。主观指标主要有出汗量、疲劳程度等。运动时间是指每次参与体育锻炼的持续时间，也就是从开始到结束的时间。运动时间和运动强度有关，两者成反比关系。若运动强度大，运动时间应相应缩短；若运动强度小，运动时间就应适当延长。一般认为每次运动的时间在30分钟或以上为宜。进行体育锻炼时，运动持续的时间以及运动的强度要科学安排，锻炼过程中要注意间隔与休息，锻炼后注意做好放松整理活动。

3. 从轻松的运动开始

一个很有帮助的办法是从走路开始，开始走几公里，走10或20分钟。每一到两周进行一次这样的运动，并慢慢增加运动量。这种慢慢来的方式，不会让我们认为运动是一件痛苦的事，相反我们可能会对它产生兴趣。

4. 学会分散注意力

我们可以借助某些事物来分散注意力，不管是电视、音乐或是其他人在周围活动。这些事物可以使我们的运动继续下去。借助这些方法，我们就可以逐渐养成运动的习惯。但需要提醒大家的是：运动要适量，过量的运动会带来相反的效果。

5. 采用有氧运动结合间歇性训练的方法

间歇性训练是指采用高强度的训练，并分成若干组，组间给身体一定的恢复时间。以慢跑为例，氧气的吸收只会在前几分钟内增加，在接下来的训练中，氧气的吸收将保持在一个稳定的水平。这时，在训练当中加入短时间的高强度运动，就可以较大地增加氧气的吸收量，而且训练结束后身体对氧气的吸收也大大增多。

6. 注意预防运动损伤、补充营养及充分休息

体育锻炼中最容易发生的运动损伤就是肌肉拉伤和关节韧带扭伤。针对这一情况，在进行运动前一定要做好充分的准备活动，避免在运动中受伤。参加完体育锻炼后，应保证充足的休息和睡眠，每天的睡眠时间要保证8小时以上，并要摄入足够的营养和维生素来补充运动中消耗的能量。运动大量出汗后可适当喝一些淡盐水，以补充汗液中带走的钠离子。

知识链接

体育运动能改变人格?!

若想改变人格，体育运动指导者选择的方法、手段一定要有针对性。如针对抑郁、悲观的人，安排的体育运动方法要适当热烈、奔放，节奏感强，有变化、有动感、有力度，配上明快、欢乐的音乐，使体育运动者振奋起来。而针对有“急躁症”的A型人，安排的体育运动方式要舒展、缓慢、柔和，配合的音乐要安静、舒缓，使体育运动者边运动、边静心。在这里，体育运动方法手段选择的前提是对体育运动者人格与其自我改变期望的了解，以及使用的体育运动方法能够使参与者感到舒适。

陈善平等人(2005)采用双独立组前后测验设计，对太极拳影响大学生A型行为的效果进

行了实验研究。A型性格自测量表的结果显示，大学生中A型行为相当普遍，男生比女生有更严重的A型行为倾向；通过太极拳教学可改善大学生的A型行为倾向，太极拳学习和锻炼是一种治疗A型性格的有效方法。研究者认为，太极拳学习和锻炼能调节生活节奏、释放心理压力、促进身心健康，打破了强化A型行为的恶性循环，即“快节奏生活——心理压力——A型行为——快节奏生活方式”，进而可达到治疗A型性格和干预A型行为的目的。

为了检验二十四式太极拳对大学生A型行为产生的矫正作用，青春(2006)以516名大学本科生为实验对象，进行了16周的教学实验研究。采用张伯源编制的《A型行为类型问卷》进行测试，测试的结果表明：太极拳教学和课后练习使大学生被试A型行为人数和百分比明显下降，B型行为人数和百分比明显上升。由此可以推断，通过太极拳教学可以改善大学生A型行为倾向，太极拳学习和锻炼是一种矫正A型行为的有效方法。

上述结果表明，在改变A型行为特征上，太极拳活动具有其特殊的效果。绵缓、舒展、柔和、圆润、轻灵的动作与节奏，与时间紧迫感、烦躁易怒、行为急促等行为表现正好相反，长期练习对调节练习者的心理节奏和行为模式具有独到作用。

专题6.3 养成睡眠好习惯

一、睡眠对健康的影响

21世纪的今天，可以说，大众的健康意识空前提高，“拥有健康才能有一切”的新理念深入人心。良好睡眠作为健康的重要构成要件，也日益引起国际社会的关注和重视。人一生中有三分之一的时间是在睡眠中度过的，如果一个人连续五天不眠不休，他就会因各种功能衰竭而最终死亡。可见睡眠是维持个体生存的必需。睡眠作为生命所必需的过程，是有机体复原、整合和巩固记忆的重要环节，是健康不可缺少的组成部分。

为唤起全民对睡眠重要性的认识，国际精神卫生组织将每年的3月21日，也就是春季的第一天，定为“世界睡眠日”。

睡眠不足或睡眠障碍已经成为人们健康的潜伏杀手之一。因睡眠不良引起的相关疾病已不单是个人问题、医学问题，更是社会发展与安定和谐的问题，需要引起人们的高度重视。

二、养成良好的睡眠习惯

睡眠良好，会让个体精力充沛、神清气爽，感到生活充满阳光，睡眠不良则会引发各种身心问题。如罹患各种身体疾病，心脏病、糖尿病、肥胖症、癌症等等，也会导致神经衰弱、焦虑症、抑郁症等心理疾病。糟糕的睡眠状态会影响大脑的正常运转，降低学习、工作效率；与此同时，睡眠不足也是诱发各种意外和事故的重要因素。因此，大学生应采用科学的睡眠方式，养成良好的睡眠习惯，保证充足睡眠，从而有效促进我们的身心健康。

1. 不要强迫自己入睡

如果你试着强迫自己入睡，往往会弄醒自己，并很难再入睡。也不要去想象“我以前是怎么睡着的”“人为什么会睡着”，因为这样你就别想睡着了。

2. 不要老去看闹钟

很多人都有这种习惯，睡不着的时候偏要看看几点了，老是下意识去计算还能睡几个小时，这会助长焦虑。反正看闹钟也无济于事，早早睡着才是解决办法。

3. 不要睡过头

不要因为晚上没事干，就拼命睡。如果这样睡几天，会打破你的生物钟，那么你晚上就会很难入睡。同理，周末补眠也是不科学的。

4. 不要担心睡眠不足

试着不去担心你能够睡多长时间，因为如果担心睡眠不足的话，就会使失眠的状况愈演愈烈，从而陷入恶性循环之中。这就是所谓的“意识性失眠”。

5. 避免把酒精当作让你入睡的良药

避免在深夜饮酒，人们普遍认为睡前喝酒可以帮助睡眠，事实上，刚开始的时候，酒精可能确实会起到镇静的作用，但长久看来，酒精会产生许多对睡眠有损伤的副作用。而且醒来的头痛反而会让你精神更差。

6. 睡觉前先暖身

睡觉前让自己的身体保持暖和，例如泡一个热水澡或泡脚，可以很容易让你熟睡。夏天不要贪凉冲一个冷水澡就上床睡觉，这不利于睡眠。

7. 试着放弃午休

如果你有午休或者打盹的习惯，并且想在晚上更容易睡着并且想睡个好觉，那么你可以试试先把午休戒掉，看看会发生什么。如果午休没有节制或时间不对的话很可能睡到傍晚，这样夜晚就彻底别想睡了。

8. 布置你的卧室和床，让它们只和睡觉有关

不要在床上吃东西、看电视或者看书。尽管这些事情会对一些人的睡眠有帮助，但同时也给大脑一个潜意识——床并不是适合睡觉的地方，这会让你睡不着觉。

9. 睡前冥想有助睡眠

关于冥想的具体内容，将在下个专题介绍。

平时大家需要注意自己的身体变化，并且进行合理的保健。在睡觉前，要注意保持良好的平和心态，避免嘈杂，睡前两小时不进食，睡前一小时避免玩手机或看电影等。

专题6.4 学会冥想

一、冥想概说

说到冥想，你会想起什么？很多人可能会联想起某种神秘的仪式。然而，冥想并不是宗教。冥想是“心灵的科学”，也可以说是“大脑的科学”。冥想是一种“放空自己”而让我们控制自己大脑的方法。

冥想有着悠久的历史，冥想最初是由为了锻炼身心的古印度修习术发展而来的。其中，身体锻炼的修习作为我们现在常常听说的“瑜伽”传承至今，也开枝散叶形成了各式流派。作为“心灵修习”的冥想也被广泛传播到世界各地，作为“佛教”或“禅”为人所知。因此，不少人认

为冥想研发完成的第一人,就是释迦牟尼。

冥想是对抗科技对我们生活不断干扰的有效解毒剂。事实上,近期研究表明:一天两次约20分钟的冥想能减少我们血管阻塞的概率,有效降低因心率衰竭和心绞痛引起的猝死风险。自我觉醒团体的创始人 Paramahansa Yogananda 曾在《内心平和》一书中写道:“通过冥想能使人内心平静,缓解内心压力和紧张。”

知识链接

“放空”是一种怎样的状态?

当猎犬看到猎物时,会立刻开始追逐。请试着把“头脑”当成“猎犬”,想象一下它看到“猎物”即“思考的种子”后,立刻开始“追逐”的情形。因为“思考”是一种实时进行中的过程或者说程序,所以如果“猎犬”不进行追逐这个动作就无法构成“思考”。为了不让它追逐,只需压制“猎犬”(头脑)即可,但如此一来,“猎犬”(头脑)便会一直处于焦躁不安的状态。如果采取压制的方式,把“猎物”(思考的种子)彻底清除,这样由于失去目标,“猎犬”(头脑)也就不会行动了,也就是说,不会发生“思考”这个行为。冥想就是通过这样的方法,使我们达成“放空”的状态。所以说,冥想既是一种科学的“思维整理术”,也是一种简单易学的自我舒压疗愈法。

二、如何进行冥想

养成每天冥想的习惯,每天进行20分钟的冥想练习,就可以帮助我们平和内心,形成良好的心境。下面介绍可以自主练习的四种冥想方法,具体内容如表6-2所示。

四种冥想方法 表6-2

跟随呼吸法	这是所有冥想技能里最普遍的一种。首先,用力呼气,将肺里的二氧化碳给吐出来。练习“深度呼吸方法”(又称腹式呼吸法)是很有帮助的。具体技巧是:想象一下你的腹部有一朵正在开放的莲花,当吸气使腹部充满空气时,花朵的花瓣舒展开来;当你呼气时,花瓣则合拢起来
注意力集中法	盯着一幅画或者某样东西,让你的思维轻轻地停留在上面。慢慢地让你的注意力集中在那儿,安静平和地集中于它
轻念咒语法	咒语的文义解释是“心灵的守护者”,因此轻念咒语可以以精神之力保护你。还有一种说法是:当你念咒的时候,咒语的能量会提升你的呼吸和能量。同样的,选择来自于你的精神文化传统中对你有意义的东西,如玫瑰经。藏传佛教通过轻念真言(如六字真言,“唵、嘛、呢、叭、咪、吽”)来获得内心的平和、康复、转化和疗愈。Rinpoche 写道:“轻念咒语,注意力高度集中,让你的呼吸、咒语和你的注意力逐渐合而为一。”
引导式冥想法	引导式冥想与引导式想象一脉相承,是一种强有力的专注方式,并指导自我想象有意识地转向一个清晰目标的方法(例如一个跳水选手在起跳前,在脑中想象他“完美跳水”的所有动作)。一位越南的禅宗僧侣一行禅师,他同时也是学者、诗人、和平倡导者和作家,他建议尝试这种非常简单却有效的、可以自学的引导式冥想

如果你对冥想的练习很感兴趣,可以寻找相关书籍或音频跟着学习。你也可以把下文中的冥想词录音,配合柔和的音乐背景,制作成独一无二的你自己独有的冥想引导。

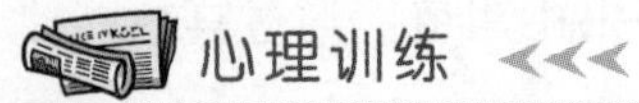

心理训练

引导式冥想词

吸气,我知道我正在吸入空气(吸气)。呼气,我知道我正在呼出空气(呼气)。

吸气,我的呼吸逐渐深入(深吸)。呼气,我的呼吸渐渐放缓(放缓)。

感知我的身体,我吸入空气(感知身体)。放松我的身体,我呼出空气(放松身体)。

镇静我的身体,我吸入空气(镇静身体)。关照我的身体,我呼出空气(关照身体)。

向我的身体微笑,我吸入空气(向我的身体微笑)。松弛我的身体,我呼出空气(松弛身体)。

向我的身体微笑,我吸入空气(向我的身体微笑)。释放我身体的紧张,我呼出空气(释放紧张)。

感受愉悦(为存在),我吸入空气(感受愉悦)。感受快乐,我呼出空气(感受快乐)。

活在当下,我吸入空气(活在当下)。享受当下,我呼出空气(享受)。

感知我稳定的体态,我吸入空气(保持姿势)。享受这种稳定感,我呼出空气(享受)。

专题6.5　拥抱的神奇力量

一、拥抱的神奇力量

如今科技对我们日常生活的影响越来越明显,24小时随时随地使用手机,许多人在电子社交媒介上交流的时间远远多于面对面的交流。这种面对面接触的缺失对我们生活的不同方面会有许多影响,并且会引起人们的孤独感、隔离感和不安全感。

那么,为什么身体接触对我们这么重要呢?我们每个人都是利用身体的接触感来获取环境的信息以及建立彼此之间的社会联系的。接触会影响我们买什么、吃什么、爱什么,甚至会影响到我们如何治愈自己。很多研究总结道:触摸,尤其是拥抱,给我们带来了很多健康的益处。

(一)拉近人际关系

拥抱时,人体会释放欣快激素催产素(也称“拥抱荷尔蒙”),让人感到温馨舒适。催产素也会增强人与人之间的社会联系。美国迪堡大学心理学家马特·赫滕斯坦表示,欣快激素催产素能增强配偶间的忠诚度和信任度。

(二)有益健康

1.有益心脏健康

众所周知,心率的快慢与心脏的健康息息相关,心率过快或过慢都会缩短寿命。心跳太快,等于迅速消耗人体一生的"心跳总额"。长期心率过快会导致心脏扩大、心力衰竭,有冠心病史的会直接诱发冠心病发作,从而增加心血管疾病的发病率和死亡率。实验研究结果显示,与伴侣没有任何接触的参试者心率加快为10次/分钟,而与伴侣拥抱的参试者心率5次/分钟。由此可见,适当的拥抱能够降低心跳的速度,有益心脏健康。

2. 降血压

拥抱时,皮肤的感觉会激活压力受体的"帕西尼氏小体",然后向大脑迷走神经区域发送信号,该大脑区域的一大作用是降低血压。

3. 增强身体免疫力

抚摸和拥抱可以使人的免疫系统加强,帮助人们熬过伤痛。因为拥抱不仅在情绪上影响着人体的反应,它还能够对人体的胸骨施以温和的压力,这种刺激可以激发人体胸腺功能,从而产生更多的白细胞来调节人体机能,增强人体免疫力,让人们远离病痛的困扰。

(三)减轻压力

拥抱是一种天然减压器,因为拥抱可以立即降低人体内的应激激素皮质醇水平,向大脑发送"平静"信号。美国埃默里大学一项动物实验发现,儿时多拥抱,成年压力小。触摸和缓解压力之间存在重要关联,特别是在生命的早期。《心理科学》杂志刊登荷兰阿姆斯特丹自由大学的一项研究发现,在遇到困难或是情感危机时,获得安慰和理解的拥抱,可显著降低对生活、困难和死亡的恐惧。

(四)减少孤独感

美国心理学家弗吉尼亚·萨提亚曾经说过:"我们每个人每天都需要4次拥抱来存活,8次拥抱来维持生活,12次拥抱来成长。"随着年龄的增大,拥抱和身体接触也会变得越来越重要,拥抱会减少孤独感。实验发现,每天拥抱5次的人的幸福指数在一段时间后出现了显著的上升,而那些没有拥抱的人则没有上升。拥抱是一件双赢的事情,当我们拥抱别人的时候,别人也在拥抱我们;当我们抚摸别人的时候,别人也会抚摸我们。就如同与人分享快乐一样,我们分享它,它就会成长。

二、学会拥抱,享受生活

学会拥抱他人,给予他人拥抱的同时,自己也会收获更多的拥抱。以下是一些常见的拥抱技巧和方法。

1. 眼神交流

把眼睛作为身体的焦点,保持眼神接触的个体被认为是可信任的、温暖的、善社交的以及诚实的,眼神交流为无言交流打开了一扇门。

2. 循序渐进

一旦进行了眼神交流,接下来就是等待拥抱可以被接受的时机信号,如果时机到了,慢慢接近,让另一个人有时间去慢慢接受拥抱。有时候在拥抱之前握住手,或是抓住肩膀,这也是可以的。

3. 看懂对方的肢体语言

确保你要拥抱的人准备好接受你的肢体接触。在你想要拥抱的人张开他的手臂时再拥抱。如果对方并不准备和你拥抱,那就不要强迫。放下手臂,尽量优雅地恢复原样。

4. 张开双臂

拥抱的这个动作会让我们成为劣势的一方。当你张开手臂时,你将自己的心和胸膛完全暴露在你面前的这个人眼前,张开双臂表明你愿意承担风险并且允许另一个人来到你的个人领域。

5. 深呼吸

一旦你拥抱了,记得深呼吸。深呼吸让彼此相互适应,并一起放松。

6. 在怀抱中倾倒

如今许多人练习“帐篷拥抱”,也就是说,他们身体上部紧紧地贴在一起,而下部却保持一定的距离。这种拥抱并不能像全身接触一般有效。当我们全身得到了很好的接触,我们所有的脉搏都在运作着并且相互激励着彼此。为了让别人感觉舒适,可以将你的身体倾斜,并与对方接触。

7. 从轻柔接触开始

不同的人对接触和个人空间有着不同的舒适水平。因此,拥抱时要注意分寸。不要抱人抱得太紧。判断自己抱得紧还是松可以让你拥抱的那个人来说,让他们说出自己希望被抱得多紧。如果他们希望松一些,那你就松一些;如果他们喜欢被紧紧地抱住,那你就可以继续紧紧地抱住他了。

8. 要学会真诚

在拥抱的时候,你只管享受那一时的温暖和联结,千万不要期望任何其他的事情。除非有特殊的说明,不然拥抱就是拥抱,没有其他的意义。真诚的拥抱就是分享你自己,让别人感觉更好,那么你的拥抱就会很受欢迎和赞扬。

9. 保持住拥抱

在分开之前至少要拥抱20秒。研究表明,这是拥抱起效果并让情感和身体都受益的最短时间。一个拥抱是表明你真的在乎另一个人的有力的交流方式,所以快速结束拥抱会让你们两个人都感到尴尬。

10. 渐渐放开

一旦你觉得是时候放开拥抱了,要轻柔地慢慢放开。大部分时候,放开拥抱都是没有任何语言暗示的,全靠彼此的感应。如果你的同伴跟你很亲密,那么拥抱往往会转变成碰击手臂、击掌或是微笑。

细细品味拥抱给你带来的美妙与幸福吧!

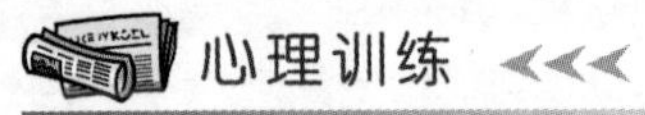

心理训练

自由拥抱

活动内容:和人们自由拥抱。6人一个小组,每组选一名组长作为负责人。在校园内向任何一位同学、老师或其他人礼貌问好,向对方介绍自己,并说明小组的目的,介绍小组的活动,在得到对方允许后,才可与对方拥抱,并拍照留念。整个环节一定要注意礼貌,如果对方不同意拥抱，可以改成握手，并礼貌地向对方表示感谢。如果有突发事件，请立即找负责人解决。

注意事项：

①态度要诚恳、亲切、热情。

②拥抱要有力，不要敷衍。

③拥抱小孩要蹲下抱起。

④由于部分同学观念较保守，所以不能拦住别人去路强行拥抱，实行自由拥抱原则。

⑤如果觉得拥抱不合适，也可以用握手、拍肩膀等形式表示互相关怀。

⑥参与人员严格遵守秩序，不要随意走动，不要发生混乱。

《健康只要十分钟》

《健康只要十分钟》一书由屡获殊荣的健康和健身教练西恩·弗伊书写，介绍了“10分钟快速训练健身法”。西恩·弗伊通过设计一种科学的程序，以每天花10分钟为目标，帮助人们获得有规律的锻炼方案，使身体的血压、胆固醇得到改善的同时，力量、灵活性、耐力也得到提高。

书中介绍的4321法则就是用4分钟的高能量有氧训练、3分钟耐力训练、2分钟核心力量训练（锻炼腹部、背部以及臀部肌肉）、1分钟拉伸运动和深呼吸组成10分钟的健身组合。一套运动下来，可以让你的全身得到锻炼，包括心血管运动、伸展运动、伸展和深呼吸，这一切都被集中到能量巨大的10分钟里。每次锻炼，你将促进新陈代谢，燃烧多余的脂肪、保持并加强肌肉力量、保持并增强骨头的力量、增强忍耐力和耐力、促进血液循环、改善弹性和协调性、改善血压和胆固醇水平。

这项运动适用于每个人，无论是初学者还是已有锻炼习惯的人或者已经是健身达人，都可以在这本书里找到适合自己的锻炼健身方法。无论是在家里、户外、办公室、旅途中，还是健身房，都能找到当下所能选择的健身方法。按照书中的方法，坚持完成3个阶段的训练动作，坚持3个月，就会明显看见自己身体的积极变化，带来一种幸福的感觉。

◆◆专题7 积极人格◆◆

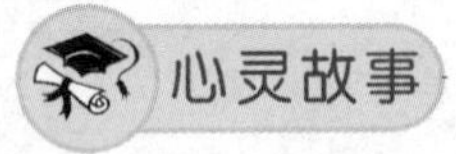

较 量

一个老教授昔日培养的三个得意门生事业有成,一个在官场上春风得意,一个在商场上捷报频传,一个埋头做学问如今也苦尽甘来,成了学术明星。于是有人问老教授:“你认为三人中哪个会更有出息?”老教授说:“现在还看不出来。人生的较量有三个层次,最低层次是技巧的较量,其次是智慧的较量,他们现在正处于这一层次,而最高层次的较量则是人格的较量。”

人格是我们一生中稳定、持久的财富,伴随我们的一生,积极健康的人格是我们持续正向发展的保障。

专题7.1 人格概述

一、什么是人格

人格也称个性,这个概念源于希腊语 Persona,原来主要是指演员在舞台上戴的面具,类似于中国京剧中的脸谱,后来心理学借用这个术语用来说明:在人生的大舞台上,人也会根据社会角色的不同来换面具,这些面具就是人格的外在表现。面具后面还有一个实实在在的真我,即真实的自我,它可能和外在的面具截然不同。

人格是构成一个人思想、情感及行为的特有模式,这个独特模式包含了一个人区别于他人的稳定而统一的心理品质,是人一生中持久、稳定的、具有个性化的心理品质。它是根据一个人的遗传素质、生存环境、教育水平等因素,在长期的社会生活实践中发展出来的,包括理想、信念、能力、兴趣、气质、性格等方面。

二、人格的类型

古希腊医药学家希波克拉底认为人体内有四种不同的体液:血液、黏液、黄胆汁和黑胆汁,并据此将人区分为四类:血液占优势者属多血质,乐观好动;黏液占优势者属黏液质,冷酷无情;黄胆汁占优势者属胆汁质,热情急躁;黑胆汁占优势者属抑郁质,性格孤僻。

20世纪60年代中期,美国职业指导专家霍兰德创立职业指导理论。核心观点是:在当下社会中，个体人格可以按照其明确凸显方面归类，每一种类型的人格都会有与其相对应的职业。具体论点分为以下三点：

①在当今文化中，每个人的人格都能以其主要方面划归某一类型，每一特殊类型人格的人有倾向性。

②人们致力于找到专业技能、智力、能力、道德得到发展的愉快的工作环境。

③个人人格与所处环境相互作用，产生不同的个人行为。

因此，霍兰德将人格划分为6种类型：现实型、研究型、艺术型、社会型、企业型、传统型（表7-1），并对应6种工作性质：现实性的、调查研究性的、艺术性的、社会性的、开拓性的、常规性的。人格类型理论的实质在于择业者的人格特点与职业类型的适应。在适宜的职业环境中，个人可以充分施展自己的技能和能力，表达自己的态度和价值观，并且能够完成那些令人愉快的使命。

霍兰德划分的六种人格类型 表7-1

现实型	现实型人格喜欢使用工具从事操作性强的工作，做事手脚灵便，动作协调，但是口语表达能力不强，缺乏社会交际能力。对应各类建工、工程技术、农业等需要一定体力、需要运用工具或操作机械的工作。主要职业有工程师、技术员、机械操作工、维修安装工、木工、电工、鞋匠、驾驶员、测绘员、描图员、农民、牧民、渔民等
研究型	研究型人格具有聪明、理性、好奇、精确、批评等人格特征，抽象能力强，求知欲强，肯动脑筋、善思考、不愿动手，喜欢独立和富有创造性的工作，知识渊博，有学识才能，不善于领导他人，喜欢智力的、抽象的、分析的、独立的定向任务这类研究性质的职业，典型职业包括科学研究人员、教师、工程师等
艺术型	艺术型人格具有想象、冲动、直觉、无秩序、情绪化、理想化、有创意、不重实际等人格特征。喜欢以各种艺术形式的创作来表现自己的才能，实现自身价值；具有特殊艺术才能和个性，乐于创造新颖的、与众不同的艺术成果，渴望表现自己的个性；喜欢艺术性质的职业和环境，不善于事务工作。典型职业包括艺术方面的（如演员、导演、艺术设计师、雕刻家等）、音乐方面的（如歌唱家、作曲家、乐队指挥等）与文学方面的（如诗人、小说家、剧作家等）
社会型	社会型人格具有合作、友善、助人、负责、圆滑、善社交、善言谈、洞察力强等人格特征，喜欢社会交往、关心社会问题，有教导别人的能力。喜欢从事为他人服务和教育他人的工作，喜欢参与解决人们共同关心的社会问题，渴望发挥自己的社会作用，比较看重社会义务和社会道德。主要从事为他人服务的工作，如医疗服务、教育服务、生活服务等。主要职业有教师、保育员、行政人员、医护人员、衣食住行服务行业的经理、服务人员、福利人员等
企业型	企业型人格精力充沛、自信、善交际，具有领导才能，喜欢竞争，敢冒风险，喜欢权力、地位和物质财富。喜欢从事领导及企业性质的职业，比如企业家、政府官员、商人、行政部门和单位的领导者、管理者
传统型	传统型人格具有顺从、谨慎、保守、实际、稳重、有效率等人格特征。喜欢按计划办事，习惯接受他人的智慧和领导，自己不谋求领导职位，不喜欢冒险和竞争，工作踏实、忠诚可靠、遵守纪律。主要指各类文件档案、图书资料、统计报表相关的各类科室工作。主要职业有会计、出纳、统计人员、打字员、办公室人员、秘书和文书、图书管理员、外贸职员、保管员、邮递员、审计人员、人事职员等

根据霍兰德的人格类型理论，在职业决策中最理想的是个体能够找到与其人格类型重合的职业环境。一个人在与其人格类型相一致的环境中工作，容易得到乐趣和内在满足，最有可能充分发挥自己的才能。然而上述的人格类型与职业关系也并非绝对的一一对应。霍兰德在

研究中发现,尽管大多数人的人格类型可以主要地划分为某一类型,但个人又有着广泛的适应能力,其人格类型在某种程度上相近于另外两种人格类型,则也能适应另外两种职业类型的工作。也就是说,某些类型之间存在着较多的相关性,同时每一类型之间又有着极为相斥的职业环境类型。霍兰德用一个六边形简明地描述了六种类型之间的关系。

知识链接

弗洛伊德的人格理论

西格蒙德·弗洛伊德将人的心理结构分为三层,最低层是本我,只追求快乐和满足,而不了解社会现实中的原则。其次是自我,自我既了解社会现实原则,也了解本我的渴求。它的任务是参考现实调节本我,按照现实原则进行操作。自我不能脱离本我而存在,它的力量来自本我。最高层次是超我,它代表社会规范的内化。自我受本我力量的驱使,千方百计伺机满足本我的渴求;但受社会道德规范习俗的制约,慢慢内化为良心、道德观、价值观,以控制自身的行为的观念,这即是超我。超我代表着"每一种道德的限制,代表着一个力求完善的维护者"。

三者关系是:超我和本我处在直接的冲突中,超我总是阻止或延迟本我得到满足。自我则是本我和超我之间的调停者。它既要千方百计使本我获得满足,又要受超我的监督,遵循自我的现实原则。弗洛伊德认为,以上三部分如若发展平衡,就是一个健全的人格,若不平衡就是一个变态人格。

三、健康人格的标准

究竟什么样的人格特征才是健康的人格?不同的心理学家从不同的研究角度,给出了不同的标准。在此介绍两种最具代表性的标准。

(一)马斯洛关于健康人格的观点

马斯洛,美国心理学家,人本主义心理学的主要创始人之一。他指出人的需要分为五个层次:即生理需要、安全需要、归属和爱的需要、尊重的需要和自我实现的需要。人的五种基本需求是人的内在本质,其终极目的是自我实现。自我实现需要位于需要层次的最高峰,能够达到这个高度的人即为自我实现的人。

马斯洛对他认为人格健康的49个人进行大量深入细致的研究,提出人格健康的15个特征,这15个特征目前已成为人们经常引用的人格健康的标准:①正视现实;②接纳自我;③言行坦率;④热爱事业,乐于工作;⑤永不衰退的欣赏能力;⑥同情关心他人;⑦独立独处;⑧高峰体验;⑨自主的独立于环境的倾向;⑩所有的人平等相处,打成一片;⑪人际关系深刻;⑫毫无恶意的幽默感;⑬信守道德标准;⑭富有创造力;⑮不随波逐流。

(二)健康人格的十大标准

美国加州大学心理学家韦伯克·布莱多恩和同事结合科学家几十年的研究,总结出了健康人格的十个衡量标准。要注意的是,如果你有少数几条不符合,这是正常情况,并不说明人格不健康,具体内容如表7-2所示。

健康人格的十个衡量标准 表7-2

强烈的感受力	自我感受力强意味着，一个人能认识到自己内心的感觉、情绪，也知道对情绪的评估是生活的重要部分。感受力强的人能够体会到更深层的情绪状态、更微妙的情绪变化，而感受力弱的人不相信情绪状态有多重要，也就不能很好地洞察世事
坦诚	坦诚的人为人直率、真诚、正直。反之，不够坦诚的人更喜欢通过奉承、圆滑或欺骗的手段来操纵别人，他们将这些手段看作是必需的交际技巧，也许还会认为待人坦诚的人是“缺心眼儿”
有能力感	能力感是指一个人相信自己有做事能力、感觉敏锐、做事严谨而且高效率。能力感强的人时刻拥有应对生活各种情况的信心；能力感差的人会自我贬低做事能力，甚至认定自己遇事无法应付，难堪重任
友好	友好是指人际交往中的亲切感。友善的人待人热情、和蔼，他们真诚地喜欢别人，容易和别人建立友谊。不够友好的人并不是对人有敌意或者无情，而是言谈举止比别人更刻板、更保守、更冷淡
心态积极	积极的人能够更多地体会到愉快、幸福、兴奋和爱。他们通常笑点很低而且笑口常开，所以开朗乐观。心态消极的人不一定真有什么不愉快的事，只是缺少好奇心、缺少兴趣
不怨天尤人	怨天尤人是指一个人有过愤怒以及失望和痛苦等消极情绪，从而对他人积怨于心。喜欢怨天尤人的人容易产生愤怒情绪，于人于己都有害无益
低焦虑	容易焦虑的人遇事畏缩、恐惧、紧张、烦躁、坐立不安、忧心忡忡，成为“无事忙”。反之，不易焦虑的人在每天生活中都能做到从容不迫、举重若轻
低抑郁	一个人如果郁郁寡欢，会对日常生活造成消极影响。特别是，他们很多时候会有一种负罪、忧愁、无望和孤独感。他们稍有挫折就会萎靡不振，稍遇不顺就会垂头丧气。心胸宽广的人不会整天愁眉苦脸，也不会有那么多抑郁情绪
较好的抗压力	抗压力弱的人面临生活中的种种负担时，会感觉难以承受。而抗压力强的人相信自己有能力应付各种困难，而且对自己的适应力充满信心
自制力强	冲动的人难以控制欲望。在容易冲动的人看来，美食、香烟或美色的诱惑力是无法抗拒的。他们放纵之后也可能会后悔，但下次仍会重蹈覆辙。反观自制力强的人，他们更容易克制冲动，能够忍受拒绝诱惑带来的短暂痛苦，延迟享受对他们来说不是一件难事，反而能在将来得到更大的回报

知识链接

《周易》中的理想人格

《周易》，又称《易经》，儒家重要经典之一。内容包括《经》和《传》两个部分。一般认为它是战国或秦汉时期的儒家作品，并非出自一时一人之手。每一种文化都在塑造着它所崇尚的人格特征。《周易》为人们设计了一种儒家的理想人格模式：

①天人合一的主客观念；

②奋发有为的积极态度；

③自强不息的进取精神；

④仁义礼智的完整道德；

⑤谦虚逊让的美好德行；

⑥诚信不欺的正直精神；

⑦不怕困难的坚强意志；
⑧自我节制的调控能力；
⑨持之以恒的坚持精神；
⑩与人和乐的积极情感；
⑪光明磊落的宽广胸怀；
⑫与人同乐的待人态度；
⑬认真负责的工作态度；
⑭刚柔相济的处事方法；
⑮对待成败的正确态度；
⑯趋时守中的处世原则；
⑰革新创造的变革精神；
⑱特立独行的完美人格。

《周易》中所指出的理想人格特征代表了先秦儒家的思想。因此，我们可以看出中国的传统观念、人生境界与西方鼓吹的自我实现的人格特征有相当大的差异。

专题7.2 大学生的人格特征

一、大学生所处的人格发展阶段

美国神经病学家、发展心理学家和精神分析学家爱利克·埃里克森认为，人要经历八个阶段的心理社会演变。这些阶段包括四个童年阶段、一个青春期阶段和三个成年阶段。每一个阶段都有这个阶段应完成的任务，并且每个阶段都建立在前一阶段之上，这八个阶段紧密相连。每个阶段有每个阶段相应的核心任务，当任务得到恰当的解决时，就会获得较为完整的同一性。核心任务处理得不成功或者是失败，则会出现个人同一性残缺、不连贯的状态，处理的成功与失败即为两个极点。例如，青春期阶段时的最优状态是同一性的状态，最劣的状态是角色混乱的状态。核心任务的处理结果会影响人的一生。

埃里克森将一生中人格的发展分为八阶段，如表7-3所示。

人格发展的八阶段 表7-3

年龄划分	主要发展任务
0~1岁	基本信任对基本不信任
1~3岁	自主对羞耻和疑虑
3~6岁	主动对内疚
6~12岁	勤奋对自卑
12~20岁	同一性对角色混乱
20~40岁	亲密对孤独
40~65岁	繁衍对停滞
65岁以上	自我整合对绝望

大学阶段处于同一性对角色混乱阶段，这一阶段是童年向成熟迈进的重要转折点。大学生反复思考“我是谁”，他们必须建立基本的社会和职业同一性，否则他们就会对自己成年的角色感到困惑。一方面大学生本能冲动的高涨会带来问题，另一方面大学生因面临新的社会要求和社会的冲突而感到困扰和混乱。所以，大学阶段的主要任务是建立一个新的同一感或自己在别人眼中的形象，以及他在社会集体中所占的情感位置。

二、大学生的人格特点

中国学者用修订过的“加利福尼亚心理调查表”(CPI)对北京大学、清华大学、北京师范大学等16所高校的1100名大学生进行了调查，得出以下结论：

1. 大学生人格的总体特点

(1)中国大学生在谦让、克己、忍耐、谨慎、负责等人格特征方面突出，说明他们与现实社会有较好的适应。

(2)中国大学生在处理人际关系时通常会首先考虑社会和他人，但也绝不是一味地追求社会的赞许。

(3)中国大学生在支配与冲动特点方面表现不突出；在社交方面倾向于积极进取；他们具有稳健、从众的人格特点，具有良好的社会化程度。虽然他们在聪慧、敏感等与智力有关的人格特征方面较好，但他们的“独立成就”和灵活性的得分均较低。

2. 不同专业的比较

不同学科大学生的人格特征以及性别差异，均有各自的相对独特性，表现如下：

(1)文科大学生中男女生的人格特征为综合型，无论在支配、冲动、自信、外向等方面，还是在谦让、克己、忍耐、谨慎等方面均兼而有之。不过，相对而言，男生前者较多，女性独立性、敏锐等方面较弱。

(2)理科大学生中男生与文科男生相似，但女生在谦让、克己、忍耐，谨慎、内向等方面较突出。男女生在独立性、聪慧、敏锐等人格特征方面无显著差异。

(3)工科大学生中男生在支配、冲动、自信、外向等方面占优势。但在独立性、聪慧、敏锐等方面与女生无明显性别差异。

(4)农科大学生中男生的人格特征在中庸、从众等方面较突出，在支配、冲动、自信、外向等方面超过女生。女生则在谦让、克己等方面较突出，而在聪慧、敏锐等方面相对较弱。

(5)医科大学生中男女生的人格特征基本一致。他们在支配、冲动、自信、外向等方面相对较弱。

(6)艺术专业大学生与文科、理工科大学生相比，显得孤僻、冷漠，多疑而不合群；但分析能力较强、思想自由、敢于大胆尝试、不受传统观念约束。

3. 不同家庭的比较

家庭出身不同的大学生在其人格上有一定的差异：

(1)干部家庭出身的大学生性格更为外向，热情开朗，善于与人沟通合作；情感较丰富，情绪稳定，对生活抱有积极态度，自我控制能力较强，有涵养，能自觉遵守集体规范。

(2)干部家庭成长的大学生喜欢接触新事物，接受新观念，思想活跃，有理性分析能力；好社交，待人宽容，不拘小节；有较强烈的责任感和道德感，意志品质好，有恒心，能以积极的态度面对问题和困难。

(3)工人家庭成长的大学生,性格较为内向,沉默寡言,有时郁郁寡欢,处事小心谨慎;情绪不稳定、易激动,意志力较薄弱,挫折耐受力较差,集体观念淡薄,自我约束力较差。

4. 独生子女与非独生子女的比较

独生与非独生子女大学生人格总体差异不大,仅在个别人格因素上存在一定差异:

(1)独生子女大学生性格更为外向、开朗,善于表达,性情愉悦,无忧无虑。

(2)独生子女大学生好空想,往往不切合实际。

(3)独生子女大学生独立性较差,好依赖他人,缺乏忍耐性,处事过分讲究、善变。

5. 中国大学生与外国大学生人格特征的比较

心理学家用爱德华斯量表(EPPS)调查了2876名中国台湾大学生的人格心理情况,并与美国大学生和印度大学生调查情况进行比较,结果如下:

(1)与美国大学生相比,中国大学生在成就、顺从、秩序、求助、谦逊、慈善和坚毅等方面的得分高于美国大学生,而在表现、省察、支配、变异、异性爱和攻击等方面的得分较低,在自主和交往等方面几乎和美国大学生一样。

(2)与印度的大学生相比,中国大学生在秩序、交往和求助方面得分较高,在表现、谦逊、异性爱和攻击性方面得分较低,而在成就、顺从、自主、省察、支配、慈善和坚毅方面几乎一致。中国大学生跟印度大学生的人格特征比跟美国大学生有更多一致的地方,这可能是因为中国和印度都是亚洲东方国家并有着许多文化相似性的缘故。

无奈的小辉

中国大学生在成就、顺从、服从方面表现出较高的水平。一方面是大学生具有踏实、刻苦的学习品质,另一方面也表现出畏缩的现象。小辉是一名大二的男生,在校期间一直品学兼优,是老师和同学们心目中的好学生。小辉的老师经常找小辉帮忙做一些兼职代课,或者用小辉的作业参加各种评比活动或论文发表。小辉感觉自己的知识产权受到了侵犯,想拒绝老师的邀请,但又担心引起老师的误会或者不满。

专题7.3 大学生健康人格的塑造

一、影响大学生人格发展的因素

(一)遗传因素

心理学家对生物遗传因素影响人格发展的研究持续已久。行为遗传学中格赛尔的“双生子爬梯实验”被许多心理学家认为是研究人格遗传因素最好的例子,同卵双生子的外向性和神经质等人格特征的相似性明显高于异卵双生子,在一些与社会因素密切相关的人格成分如社会交往、责任心等上也是如此。研究证明,遗传是人格发展不可缺少的影响因素,但是遗传因素对人格的作用程度因人格特征不同而不同。人格发展过程是遗传和环境等因素交互作用的结果,遗传因素影响人格发展的方向及形成的难易。

(二)环境影响

人是社会环境的创造者,同时又是社会环境的产物。人的一切都离不开社会这个大环境,人格的形成也是如此。社会环境对大学生心理的影响主要是以渗透的、潜移默化的方式时时处处影响着人格的发展,它具有极大的感染力和引导性,要比灌输教育来得自然,虽然不具有强制性,但更容易被青年大学生接受。当今变化剧烈的社会大环境,对大学生的道德人格构建,既有正面的作用也有负面的影响。

(三)学校教育

学校是一个有目的、有计划地向学生施加影响的教育场所。教师、班集体、同学等都是学校影响人格发展的重要因素。学校教育在大学生人格的形成与发展中具有重要作用。学生通过课堂教育接收系统的科学知识,同时形成科学的世界观。通过学习,还可以形成并发展学生的坚持性、主动性等优良的人格特征。校风和班风也是影响学生人格形成与发展的重要因素。良好的校风和班风能够促使学生养成积极、独立和遵守纪律等品质。在学校,老师要通过各种教育教学活动,塑造学生的人格特征,同时教师又是学生学习的榜样,教师的言行对学生的人格同样产生潜移默化的影响。教师对学生人格的发展具有指导定向作用,教师的人格特征、行为模式与思维方式对学生产生巨大影响。

同时,学校是同龄群体汇聚的场所,是人格社会化的主要场所,同伴群体对学生人格具有巨大的影响。班集体是学校的基本组织结构,班集体的特点、要求及舆论都对大学生人格的发展产生"弃恶扬善"的作用。

(四)个体主观能动性

社会上的各种影响因素,首先要被个人接受和理解,才能转化为个体的需要、动机和兴趣,才能推动它去思考与行动。另外,个体已有的心理发展水平对人格特征形成的作用会随着年龄的增加而日益增强。个体主观能动性是良好性格形成与发展的内在动力,人与动物最本质的区别就是人有主观能动性,有自我调控能力,因此每个人都可以通过自我教育塑造自己良好的性格。俄国伟大的教育家乌申斯基认为,人的自我教育是性格形成的基本条件之一,因为一切外来的影响都要通过自我调节而起作用。从这个意义上讲,每个人都在自己塑造自己的性格。

在大学生人格发展的过程中,个体主观能动性明显影响着性格的形成。教师要鼓励和指导大学生个体主观能动性的发展,创造各种机会,加强他们自身人格的锻炼与修养。

知识链接

教师风格影响学生人格发展

洛奇在一项教育研究中发现,在性情冷酷、刻板、专横的老师所管辖的班集体中,学生的不良行为增多;在友好、民主的教师气氛中,学生的不良行为减少。心理学家勒温等人也研究了不同管教风格的教师对学生人格影响作用。他们发现在专制型、放任型和民主型的管理风格下,学生表现出不同的人格特点。

二、大学生健康人格的塑造

(一)树立科学的人生观

人生观是我们对人生问题的根本看法,具体包括公私观、义利观、苦乐观、荣辱观、幸福观和生死观等。人生观是在生活环境、社会实践、文化素养等因素共同作用下形成的。大学生在学习社会主义核心价值观的基础上,在家长、老师的正确引导下,积极发挥主观能动性,形成积极、健康的人生观,从而有利于大学生形成积极、活泼、开朗的性格,善于发现生活中的美好,能够正确地看待生活中的荣辱挫折,具有应对学业、感情、生活等各方面压力的能力。如果没有科学的人生观做指引,很容易形成缺陷、扭曲的人格特征,阻碍自身发展,甚至危害社会。

(二)学会自我调适

在大学生的学习、生活生涯中,不可避免地会出现不如意的情况,考试失利、感情受挫、社交受阻等都是大学生群体经常出现的问题。出现问题时是自怨自艾、破罐子破摔,还是积极调整自己心情,正确看待事物两面性,查漏补缺,不断成长呢?大学生的自我调适方法较多,比较普遍存在于大学生群体里的基本有向朋友倾诉、向老师求助、跑步、看电影、听音乐等暂时舒缓情绪的方法。但是,自我调适最关键的是能够看到事物好的一面,客观地从现实和自身两大因素分析问题发生的原因,不偏执、不沉溺、不逃避,积极调整自身心情和做法,为下一步成功做出努力。

(三)提高文化素养

教育是影响人格发展的重要因素。在人一生的发展中,童年期和青春期是人格形成和发展的重要阶段,学校教育为个体人格发展注入科学文化知识的养料。在大学生的人格培养中,也要注意科学文化知识对人性格、气质等人格因素的影响。学校方面,应该充分利用课堂、图书馆、文化节等提高大学生的文化素养;大学生自身也要充分发挥主观能动性,积极自我探索、自我教育、自我发展,通过文化素养的提高,形成健全人格。

(四)养成良好的习惯

英国教育家洛克说:“习惯一旦养成之后,便用不着借助记忆,用不着思考,很容易很自然地就能发生作用了。”一个人要成就学业、事业,要拥有美好人生,必须养成良好的学习、生活和工作习惯。那些优秀学生之所以优秀,是因为他们都养成了良好的学习、生活习惯。俗语说,把一个信念播种下去,收获的是一个行动;把一个行动播种下去,收获的是一个习惯;把一个习惯播种下去,收获的是一个性格;把一个性格播种下去,收获的是一个命运。可见,良好的习惯教育对一个人的人格和成功起着巨大的作用。

(五)加强人际沟通

如今,沟通已经成为个人和社会发展的金钥匙。沟通能力直接影响着个体的性格、气质和情绪等因素的发展,从而影响我们人格的塑造和形成。处于青春期的大学生,思想活跃、感情丰富，人际交往的需要极为强烈，积极的人际交往、良好的人际关系，可以使人精神愉快，情绪饱满，充满信心，保持乐观的人生态度。一般说来，具有良好人际关系的学生，都能保持开朗的性格，热情乐观的品质，从而正确认识、对待各种现实问题，化解学习、生活中的各种矛盾，形成积极向上的优秀品质，迅速适应大学生活。相反，如果缺乏积极的人际交往能力，不能正确地对待自己和别人，心胸狭隘，目光短浅，则容易在精神上、心理上形成巨大压力，形成偏执、退缩、虚荣、以自我为中心等不良的人格缺陷。

心理训练

认 识 自 己

活动目标：从不同的角度认识自己的人格类型，分析自我个性，从而认识自己；了解同伴的人格类型及特点，从而了解他人，促进社会交往能力提升。

人员：全班同学(6～8 人为一组，分为若干组)。

准备道具：人格类型表(表 7-4)、笔(数目根据参加人数而定)。

规则：每组成员每人一张人格类型表，请根据霍兰德的人格类型理论在自己的名字下面勾选自己的人格类型，同时也勾选同组人员的人格类型。5 分钟后，小组汇总人格类型表，对比自己对自己和同伴的人格类型判断与其他人是否一致，并讨论原因和各自看法。

人 格 类 型 表　　表 7-4

姓名 人格类型	A	B	C	D	E	F
现实型						
研究型						
艺术型						
社会型						
企业型						
传统型						

拓展阅读

《最熟悉的陌生人：自我认知和潜能发现之旅》

《最熟悉的陌生人：自我认知和潜能发现之旅》一书是由美国心理学界的大师提摩西·威尔逊撰写的，本书以“认识你自己”为主线。这虽是一个老生常谈的话题，但如今依然有用。内省是了解自我的最佳途径吗？我们费尽心力，究竟想发现什么？正如现代心理学重新定义的那样，在颇具启发性的潜意识之旅中，提摩西·威尔逊向我们展示了一个由判断、感觉和动机构成的潜藏的内心世界。

我们为何不了解自己——我们的潜能、感觉或动机？因为我们建构了一个脱离适应性潜意识的、似是而非的自我叙事。威尔逊指出，如果我们想知道自己是谁、自己的感觉如何，可以关注一下我们正在做什么以及他人对自己的评价。

《最熟悉的陌生人：自我认知和潜能发现之旅》展示给我们的是一种比弗洛伊德式潜意识更强有力，在我们的日常生活中更普遍化的潜意识，并据此对了解自我的方式进行了创新性思考。我们不能总安慰学生你很独特，而是要跟他一起发现他具有别人没有的核心优势，让大学生能够重新挖掘自己，做最好的自己。

◆◆专题8　培养爱的能力◆◆

钱锺书和杨绛的故事:心灵相惜,大抵如此

1932年,在清华大学的女生宿舍门口,杨绛第一次见到了钱锺书。但是,两人相互打了招呼,就各自归去。而这匆匆一见,两个人都怦然心动,一见钟情。于是,钱锺书写信给杨绛,约她去工字厅相会。

再次见面时,钱锺书的第一句话是:"我没有订婚。"杨绛则回答:"我还没有男朋友。"

此后,两人开始了书信往来,也开始了属于他们两个人六十余年的爱情生活。

1935年,钱锺书得到一个公费到英国留学的机会,杨绛考虑到钱锺书不善生活自理,便决定休学与他完婚,一起前往英国。

结婚没多久,两人就一起到了牛津。在新的环境里,为照顾钱锺书,杨绛开始了学着做饭、炒菜、炖汤的"煮妇"生活。

钱锺书说:"我见到杨绛之前,从未想到要结婚;我娶了她几十年,从未后悔娶她,也未想过要娶别的女人。"

钱锺书与杨绛,这一对文坛伉俪,不但有琐碎的日常生活,更有心灵上的默契和相惜。

专题8.1　爱情概述

一、什么是爱情

(一)爱情的本质

马克思主义的爱情本质论认为:爱情是人类社会属性和自然属性的统一。爱情的社会属性指人的性需求是以一种内容丰富、不断发展变化的社会方式来进行的,如爱情包含理性而有目的的交往、与人的道德意识相联系等。爱情的自然属性是指男女自身的性欲和性爱,它们是爱情产生的最基本的生物前提。爱情本质是情爱和性爱的和谐与统一,也是人的社会属性和自然属性的和谐统一。

(二)爱情的内涵

爱情,是男女双方基于一定客观物质条件、共同的人生理想和相符的"三观",在各自心中形成的对对方的最真挚的倾慕，并渴望对方成为自己终身伴侣的最强烈的、稳定的、专一的感情。爱情的内容涉及三个因素：生物因素、精神因素、社会因素。生物因素是指爱情基于一对男女之间相互吸引，从而具有与之相结合的强烈愿望。精神因素是指以男女两性之间共同的信念、理想、追求和优良的道德品质为爱情基石。社会因素指的是爱情是一种社会常见现象，它一方面要受社会道德、法律规范的制约，另一方面也涉及繁衍后代的社会功能。

（三）爱情的特征

在人际关系的发展过程中，按照交往双方人际间彼此吸引的过程，可以分为五个阶段，即从互不相识，到彼此熟悉，到建立友谊，到互有好感，再到最后发展这五个阶段的亲密关系。在人际交往中，每个人和其他人的关系会停留在不同的阶段，异性间的交往也同样如此。在第三个阶段就是一般的异性间的友谊，但是如果到了第四和第五个阶段，彼此间的自我暴露越来越多，分享的情感内容越来越深；如果是同性，就成为知己也就是知心朋友，如果是异性，在感情上又增加了性的需求、奉献与满足的心理，就成了爱情。因此，爱情具有不同于其他人际关系的独特性。

1. 平等性

《致橡树》中有这么一段话："我如果爱你，绝不像攀援的凌霄花，借你的高枝炫耀自己。""我必须是你近旁的一株木棉，作为树的形象和你站在一起。"在爱情的发展中，男女双方必须始终处于平等互爱的地位。当事人既是爱者又是被爱者，两颗心彼此倾慕，情投意合。

2. 排他性

我国教育家陶行知曾说："爱之酒，甜而苦。两人喝是甘露，三人喝是酸醋，随便喝，要中毒。"爱情是两颗心相碰发出的共鸣，男女双方一旦互相喜欢，就会要求相互忠诚和信任，并会排斥任何第三者亲近双方中的任何一方。在爱情中三心二意、见异思迁的人终究会尝到爱情的苦果。所以，对于爱情，我们要从一而终，认真对待。

3. 冲动性

爱情的冲动性是爱情魅力和爱情力量的重要表现。主要指男女表现出强烈的亲近欲望和随时可不顾一切的行为倾向。大学生正处于青春期，这种冲动性是十分强烈的。当爱情受到外来阻力时，对爱强烈的激情能够使相爱的双方做出果断的选择。例如，冲破世俗的束缚，摆脱家庭的干涉，追求自己的爱情，这是积极的一面；但是，冲动性也有它的负面性，它容易使人不顾后果，失去理智，因而具有破坏性和冒险性，是很多因为爱情而发生的不好的事情发生的主要原因。因此，我们要理智地面对爱情，不能过于冲动。

4. 持久性

英国诗人威廉·莎士比亚曾经说过："真正的爱，非环境所能改变；真正的爱，非时间所能磨灭；真正的爱，给我们带来欢乐和生命。"爱情不是昙花一现，爱情是一棵苍松。爱情所涵盖的情感和义务因素，不但存在于婚前的恋爱过程中，而且会一直延续到婚后的夫妻生活和家庭生活中。其持久性表现为爱情的不断深化、充实和提高。

（四）爱情的心理结构

美国心理学家斯腾伯格提出著名的爱情三角形理论（如图 8-1 所示），他认为爱情由三个基本的成分组成：激情、亲密和承诺。激情是指爱情中的性欲成分，是情绪上的着迷；亲密是在爱情关系中能够引起的温暖体验；承诺是指维持关系的决定期许或担保。

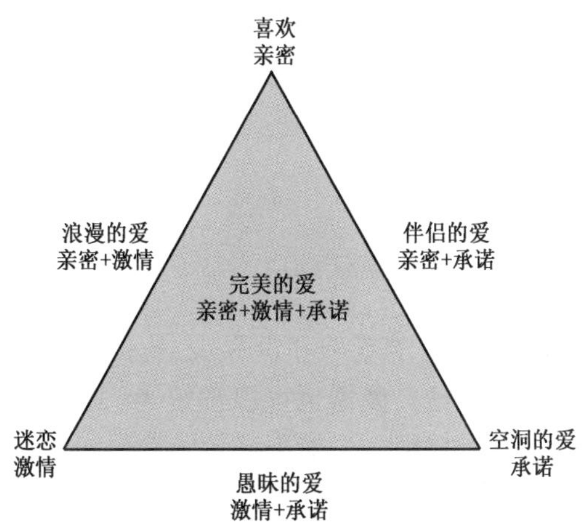

图 8-1 斯腾伯格爱情三角形理论示意图

心理学家斯腾伯格根据激情、亲密和承诺这三大要素组成了七种不同类型的爱情（如表 8-1 所示）：

七种不同类型的爱情 表 8-1

1. 喜欢式爱情（Liking）	只有亲密，在一起感觉很舒服，但缺少激情，也不一定能厮守终生，失去激情和承诺，如友谊。当然，友谊不是爱情，喜欢不能等于爱情。不过友谊还是有可能发展成爱情的，尽管有的人可能因为恋爱不成连友谊都没有了
2. 迷恋式爱情（Infatuated Love）	只有激情体验，认为对方有强烈吸引力，但是对对方了解不多，也没有考虑将来。只有激情，没有亲密和承诺，如初恋。诚然，初恋是美好的，总是充满激情，但是却少了成熟和稳重，是一种受到男女双方自身本能牵引和导向的青涩爱情
3. 空洞式爱情（Empty Love）	只有承诺，缺少亲密和激情，如纯粹为了结婚的爱情，不是真的因为爱情。此类“爱情”看上去丰满，实则缺少了必要的内容，十分空洞
4. 浪漫式爱情（Romantic Love）	有亲密关系和激情体验，但是没有承诺。这种“爱情”追求的是过程，不在乎结果
5. 伴侣式爱情（Companionate Love）	有亲密关系和承诺，但缺乏激情。跟空洞式爱情类似，没有激情的爱情还能叫爱情吗？这里指的是四平八稳的婚姻，只有权利、义务却没有感觉
6. 愚蠢式爱情（Fatuous Love）	只有激情和承诺，没有亲密关系。没有亲密的承诺不过是空头支票，再激情也抵不过现实
7. 完美爱情（Consummate Love）	指的是同时具备三要素，包含激情、承诺和亲密。只有在这一类型中，人们才能看到爱情的庐山真面目，这也是人们期待的完美爱情

斯腾伯格很聪明，在这些爱情前面都加了一个“式”字，因为在他看来，前面列举的六种都只是类爱情或非爱情，在本质上并不是爱情，只有最后一种才是爱情。

激情、亲密和承诺共同构成了爱情，缺乏其中任何一个要素都不能称其为爱情，好比三个点确立一个平面，缺少任何一个点，这个平面就是不存在的。之所以把具备三个基本要素的爱情称为完美爱情，是因为建立一段较为持续和稳定的爱情需要恋爱双方付出一定的精力去培育和呵护,这是一项贯穿人生的浩大工程。但是,具备三个要素并不意味着爱情成为现实,爱情需要男女双方付出更多的努力来调节这三者的关系。爱情不是一件容易的事情,爱是一种能力,并非天生就有,是需要不断的锻炼和实践才能培养出来。爱是一种能力,被爱也是一种能力,而且还需要成为一种艺术。

二、爱情与友情的区别

(一)爱情是什么

爱情是男女双方基于一定的生物学基础和世界观、价值观、人生观而产生的一种互相倾慕、互相依恋、互相满足与奉献的感情。爱情也可以理解为:自己本质力量的对象化。爱情是婚姻的基础,也是人生中最重大的事件之一,对人一生的发展起着至关重要的作用。大学生处于恋爱的黄金时期,树立正确的恋爱观,处理好恋爱中发生的各种情况,是十分必要的。

(二)什么是友情

友情是指人和人在长期交往中建立起来的一种情谊,相互拥有友情的人称为"朋友"。友情的本意现多指人们与接触较为亲密的朋友之间所存在的感情,是人们愿意为朋友付出一些或全部自己所有的思想。

(三)正确区分爱情与友情

爱情与友情之于我们每个人都是生活中不可或缺的,而两者的关系也是很微妙的,友情是爱情的基础,爱情是友情的升华。印度著名诗人泰戈尔曾说过:"友情意味着两个人和世界,然而爱情意味着两个人就是世界!"众所周知,友情是一种亲近关系,而爱情是一种亲密关爱。有很多人区分不开友情和爱情,某个人之于自己只是普通朋友吗?有这样疑惑的人不在少数,爱情相对于友情来说它由情与性两部分组成,而友情不带有性的一部分,爱情和友情有时候也很容易越界。那么,我们应该如何正确区分爱情与友情呢?

1. 未来走向是否一致

两个人所期许的未来走向是否一致。男女双方在恋爱时,会期许一个同行的未来,有共同的生活愿景,比如工作地点、婚姻、孩子问题等。未来的共同目标会在不同程度上影响着情侣的关系,而友情却可以不需要考虑未来的目标方向,朋友之间可以有自己独特的生活方式,两个人可以不在一个城市,两个人的目标互不影响。

2. 时间和关注度

爱情更会让人在意彼此相处的时间和对对方的关注度,情侣的生活多数时候要交错在一起,彼此相互依赖。友情可以不用天天见面,时不时地保持良性的联系就可以维护,而爱情需要将两个人在彼此的生活中融为一体,情侣要求唯一性,而友情可以有广泛性。

3. 情人眼里出西施

恋人之间的好感度要优于很多情感,他们为彼此而着迷,他们给予对方高度的评价,原因就在于恋爱关系中彼此情感是属于高度投入的。友谊也会有对对方高度的评价,但是情感投入没有爱情那么高。所以,在爱情中彼此都会主观地给彼此很高的评价,友情在这方面相对来说会很客观。

4. 自我认知是否涵盖了对方

普通朋友可能对我们的爱好、目标、想法有一定影响,但是影响程度远不及爱人,爱人会影响到我们的自我认知,我们甚至将自我认知涵盖了爱人的认知。而对待朋友却不至于这样。

爱情与友情都离不开情感的投入,但是二者又是如此的不同:两个人的友谊是有一定健康的边界感,不可能做到忘我地投入;而爱情却是有唯一性、占有性的,不允许有其他人来共享。

正确对待异性友谊

爱情和友情是不同的。某高校男学生 A 和女学生 B 因为共同的兴趣爱好在同一个社团相识,两个人平时也很聊得来。有一天,男学生 A 鼓起勇气向女学生 B 表达了自己对其的喜欢之情,但是却没有得到想要的答案。女学生 B 和男学生 A 说:“我们之间的确可能是有相同点,但我认为这是难能可贵的友情,而不是爱情,希望我们能成为好朋友,一起学习,共同进步!”之后他们以同学的名义相处,学习和生活都很顺利。作为一名大学生,正确区分爱情和友情,正确对待异性友谊是很重要的,不要盲目地、快速地投入一段其实是“友情”的“爱情”。

三、大学生恋爱心理面面观

(一)相互倾慕心理

在大学生的恋爱群体中,会有因为相互倾慕和志同道合而在一起的,他们之间能够互相鼓励,甚至能以优异的成绩完成学业。但是这种情况比较少,因为大学生意志力较为薄弱,在谈恋爱的时候,一旦不善于处理学业与感情之间的矛盾,就会容易耽误学业,得不偿失。

(二)孤独心理

许多大学生是第一次远离父母独自在外,步入了大学校园,面对陌生的环境,离开了父母的呵护,独自生活,会在心理上产生一定的不舍和孤独之感。为了弥补心理上的空虚,寻求一种家的感觉,于是很快投入一段感情中,谈起了恋爱。这在一定程度上让异性伴侣充当了自己父母的角色,满足自己对家、对家里人、对最信任的人的依恋,从而使自身情感得到满足,把对父母的情感和对家的思恋转移到恋人身上。

(三)空虚心理

进入大学之后,压力没有高中时那么大了,一些大学生的生活就像一条迷失了方向、没有导航的小船,无欲无求,找不到生活的核心和方向,精神世界极度空虚,有些大学生便希望从两性恋情中找到慰藉。

(四)从众心理

所谓的从众心理是说个人的认知或其行为会不自觉地迫于所处群体的无形压力而不由自主地与多数人保持一致的心理现象。有些大学生本来也许没有想要谈恋爱,但是可能看到周围的同学都在谈恋爱,感觉很幸福,就会激发起自身想要谈恋爱的行为与动机,引发由从众产生的恋爱行为。

(五)攀比心理

大学校园生活这一特殊的群体,相对于社会而言,其主体是年龄、经历以及文化等大体相似的大学生,他们在生活中的许多方面具有共同点,并且由于大学生的心理发展还未成熟,在决定做事情之前往往不经过慎重考虑,时常为了攀比,满足虚荣心而行动。例如,别的同学找了男(女)朋友,自己就一定要找一个更好的;或者别人的恋爱生活比较丰富多彩,自己的恋爱生活就要比他们更丰富,生活水平更高。

(六)其他心理

还有一些大学生谈恋爱是出于寻求保护心理、报答心理、享乐心理等等。

专题8.2　培养爱的能力

一、什么是爱的能力

美国人文主义学家弗洛姆曾说:“世界上从来就没有什么事情像爱情这样让人怀着美好的愿望走进去,又流着痛苦的眼泪走出来。”很多人只是空有一腔盲目的爱的愿望,但没有爱的能力。只有具备了爱的能力,才能引导一个人真正地爱自己,也真正地爱他人,能真正体会到爱情给人带来的快乐和幸福。恋爱的过程也是培养爱的能力的过程。

爱的能力是指男女双方对爱的表达方式、爱的承诺以及如何判断、接受爱等方面的能力。它包括施爱的能力、受爱的能力与爱的对象的鉴别能力。施爱的能力即给予别人爱的能力,即懂得何时何地以怎么样的方式去爱别人。受爱的能力能使我们理解和接受别人爱我们的能力,假如一个人处在自恋或者自卑的状态中,那么他就无法真正理解和接受别人的爱。爱的对象的鉴别能力是指一个人区分什么样的人适合自己爱和应该爱什么样的人的能力。另外,爱的能力,既包括爱别人、令别人爱,还包括爱自己。爱上一个人,总是全心全意地关注对方,而几乎忘了自己,最终失去自己,也失去了爱人。只有懂得关爱自己的人,才会得到爱人的尊重。如果你所爱的人最终不能爱你,也应该释然于心,不是知音何必强求,缘分到了自然就会在一起。让爱的感觉愉悦自己的心灵,丰富自己的思想,感谢你爱的人给你带来快乐,这才是爱的最大能力。

二、爱的能力的构成

弗洛姆说过:“如果一个人没有能力去爱周围的人,没有人道精神、勇气、忠诚和自我约束能力,那么他就不可能获得真正的爱情。”爱情之花是美丽娇嫩的,人们热切地追求它,但有时候往往不知如何去呵护它,导致爱情之花夭折。

(一)表达爱的能力

当你喜欢上一个人的时候,能否用恰当的语言和适当的方式向对方表达出来呢?表达爱需要勇气、信心和果敢。表达爱是在表明爱一个人也是幸福,就算也许得不到想要的回应,你让对方知道被一个人喜欢着,也是一种崇高的境界。

(二)接受爱的能力

如果,当期待的爱来到了身边,能否坦然地去接受也是爱的能力的表现。有些大学生在他人向自己示爱后,虽然内心挺开心的,但又不太敢接受别人对自己的喜欢,或考虑过多、缺乏心理准备等,觉得自己不配、不值得被爱,因此而失去了发展爱的机会。

知识链接

接受爱的能力

周杰伦是许多人的偶像,说起他和他妻子昆凌的爱情故事,真是令人羡慕。如今他们结婚已经有4年多的时间了,却还是和当初一样恩爱,周杰伦会经常在昆凌的INS下留言,十分宠妻。据昆凌表示,她和周杰伦交往时,并没有对外公开两人的恋情,保持着地下恋。她面对自己内心的不解和家里人的询问,在重压下选择了和周杰伦分手,然后自己跑去美国学习深造。很快,周杰伦便悄悄跑到美国找昆凌,这才让昆凌重新接受了周杰伦。如此看来,拥有接受爱的能力也是十分重要的。

(三)拒绝爱的能力

有爱的能力的人并不是对爱表现出有求必应,或认为不是自己喜欢的就拒之千里。当别人向自己表达爱意的时候,也有一些大学生表现出较为优柔寡断的状况,他们既害怕伤害对方,又害怕对方误会。拒绝爱的能力,首先表现为对他人、对示爱者的尊重,要感谢对方对自己的欣赏、喜爱和感情;其次,态度要明确,表达要清楚,要明确和对方只能是什么样的关系,如果也同样对对方有好感,就尝试接受对方,相处试试,如果觉得不合适,就要说清楚,懂得理智和正确地拒绝。也许有一些同学怕对方受到伤害,即使言语上向对方表达了拒绝之意,但还与对方有较亲密的接触,如聊天时暧昧的言语、单独和对方出去玩等,促使对方认为还有机会,造成不必要的误解。

(四)鉴别爱的能力

鉴别爱是指能比较好地分清什么是好感、喜欢以及爱情。有鉴别爱的能力的人,是尊重别人的人,亦是自信的人。有鉴别爱的能力的人,会自然地与他人交往,主动开拓交往的范围,会努力照顾别人的感受。过于自我孤立,时常只是站在自我的角度考虑问题,就会对他人和自我感受的认识产生一定程度上的偏差。

(五)解决爱的冲突的能力

爱的冲突,不止是来自日常生活中的不一致、不协调,也可能来自于男女双方性格的差异、家庭成长环境的不同。相互喜爱的两个人不是一味寻求两人的一致,而是看两个人如何协调和互相适应。爱需要理解和包容,需要用沟通去解决冲突,冷战或者其他行为方式是不妥的,是不利于问题解决的。沟通是十分有效的方式,情侣间需要有效的沟通,表达清楚自己的思想、感受。

（六）失恋的心理承受能力

在很多人看来，失恋是人生中遇到的一个挫折，考验的是人的挫折耐受能力。失恋使人产生难过的感觉是自然的事，每个人经历的时候都会有这样的感受，只是程度不同而已。失去爱会使人感到一种重要关系的丧失，一种身份的丧失，需要一定的时间去面对、适应和调整。一次失恋不等于整个爱情生命的结束，人还会再恋爱，再体验美好的爱情，只要用心去体验、去建设、去学习、去感受。

（七）爱情保鲜的能力

为了长时间保持爱的新鲜，我们需要各种能力的结合。爱情需要两个人真正关心对方，进入对方的内心世界，把对方的幸福当作自己的幸福。为了保持爱的新鲜，我们需要智慧、耐力、毅力和辛勤的努力。同时，我们也要有自己的个性、追求和发展。学习新事物，善于沟通和欣赏对方是爱的重要来源。有爱的人是独立的人，有自己独立的价值观，有自己的生活空间。

客观地说，爱的能力不是与生俱来的，它与一个人的成长环境、家庭背景、生存状态等后天因素有关。一般来说，家庭幸福的孩子，从小生活在充满阳光、充满关爱的环境中，成年后对爱的把握、理解和表达可能会更准确。而生长在单亲家庭或者生活拮据、父母日夜为柴米油盐操劳争吵的家庭里的孩子，对爱的把握也许就会欠缺些。不少恋爱中的人以被人爱代替了去爱人，建立在为了摆脱孤独和空虚这种前提下的情感是短暂的，成熟的爱情是建立在自爱基础上的。

有真我，才有真爱

作家安吉丽思曾接待过这样一位女士，她和她的老公结婚十几年了，也早就有了孩子，慷慨大方，乐于助人，生活看上去幸福美满。

然而，在安吉丽思博士的工作坊里，她却痛哭流涕："我是个大骗子，大家都以为我很幸福、快乐。但是，其实我已经心如死灰了十几年了。我的婚姻名存实亡，这些年来都没有性生活。我一直在努力维持一个和谐美满的婚姻，以此来瞒住孩子和家人，也包括自己。然而，实际上，我觉得自己就是个悲剧。"

这位女士就是拒绝爱的典型。她隐藏了她的恐惧，并且觉得为了得到爱，她必须总是慷慨和快乐。事实上，她没有得到真正的爱，因为她从不让丈夫看到她真正的自我。因为害怕失去爱，她从不在丈夫面前表现自己的需要，甚至也不表露自己的情绪，在这种情绪中她保持着表面的平静。所以，她内心的爱走不出去，丈夫的爱也走不进来。

想要避开伤痛，其实是可以理解的。每次被爱伤害了，你对爱的欲望和追求就会随之减少。但问题在于，当你意识到现在安全了，可以去爱时，你的心门却习惯性关闭了。久而久之，你便会伤害到周围的人，会让他们产生怨恨和失望。安吉丽思博士说："爱可以用来伤害。但，当你重新去爱，去争取，去感受，重建关系，爱便能治愈你。"

三、如何提升爱的能力

(一)正确看待恋爱

1. 端正恋爱动机

恋爱不是仅仅为了安慰、刺激或者解脱,也不是为了性满足。爱情对象的选择是一个复杂的过程,不能忽视经济、政治、文化、人格等因素,而共同的理想、道德品质和情感是最基本的。爱情动机的质量直接关系到爱情的成败。大学生爱情观作为新时代的桥梁,应该是理想、道德、事业和性的有机结合。

2. 正确处理恋爱、学业和事业三者之间的关系

恋爱是人生的大事之一,但它并不是人生的全部。大学生应该重视学习,因为学习是大学生的主要目的。事业高于爱情,提倡事业为主,不宜过早恋爱。但也不要认为爱情是事业中的绊脚石,如果你能处理得好的话,爱情也能对事业起到事半功倍的作用。

3. 掌握正确的方式,提高给予爱的能力

作为一名当代大学生,我们要掌握正确的恋爱方式,尊重对方的独立人格,包容对方的不足之处,看到对方身上的优点,如果觉得对方有缺点要及时学会与对方沟通,有则改之无则加勉,也要改善自身不足,一起成长。在特殊的节日里时不时互相给予对方惊喜,让彼此感受到对方对自己的在乎和喜爱,提高给予爱的能力,便能收获美丽的果实。

(二)积极应对失恋

1. 正视现实

爱情是相互的、双向的,其中一方失去对方,爱情就会失去它的平衡,恋爱就因此结束了。这个时候,失恋的一方无论对另一方有多喜欢,都是不现实的了,作为有理智的大学生应该正视这一现实。

2. 换位思考

我们要懂得设身处地地为对方着想。因为这样做有助于你理解对方结束这段恋情的原因,也有助于你接受失恋这一痛苦的现实,并尽快摆脱失恋的阴影。

3. 感情宣泄

不要过分地掩饰或压抑失恋带来的痛苦,要寻求正确的、适当的方式进行宣泄。具体的宣泄方法主要有以下五种。

(1)眼泪舒缓法。在因为失恋而感到难过时大哭一场,可以平静自我情绪,因为眼泪能把有机体在应激反应过程中产生的某种毒素排解出去。

(2)运动缓解法。剧烈的体育运动有助于释放情绪激动带来的能量。

(3)转移注意力。心情不佳时,可以做一些自己喜欢的事情来转移自己在失恋这件事上的注意力。

(4)文饰法。当失恋时,援引合理的理由和事实来解释挫折,从而获得精神上的安慰。

(5)倾诉法。可以同自己信任的人诉说心中的烦恼,也可以写日记或者在自己的微博、朋友圈倾诉。如果感觉心中的积郁无法排解时,也可以找专业的心理咨询师进行心理咨询。

4. 情境转移

失恋后难以摆脱难过情绪，是因为生活的方方面面都与前恋人密不可分。所以如果你想摆脱失恋的痛苦，就需要改变一个全新的环境，暂时离开熟悉的环境，把自己放在一个快乐的环境中。例如，结交更多的朋友，参加更多的集体娱乐活动，或者你可以找个人陪你一起去购物、旅游、散心等等，这有助于拓宽心情。另一方面，因为失恋后有一种空虚感，暂时难以适应，所以你可以用工作或其他方式充实自己，不让空虚充斥你的生活。

5. 升华

我们应该尽快把失恋升华为一种追求进步的动力，并尽快投入到学习或工作中去。你要知道，爱是生活的重要组成部分，但不是生活的全部。我们应该正确对待爱，把爱放在适当的位置，处理好爱与学习、爱与生活、爱与婚姻的关系。

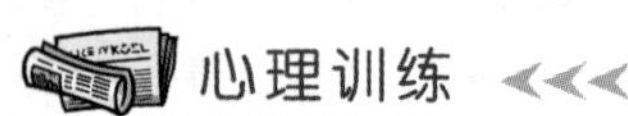
心理训练

勇于面对失恋

谁都不想、不愿意去面对失恋，但失恋也是人生的一大课题，如果失恋了，我们要积极勇敢地去面对它，顺利渡过失恋挫折期。也许你现在还没有谈恋爱，也许你现在正处于甜蜜期或者和对方正在冷战、闹矛盾，可能面临分手失恋。如果当你真的失恋了的时候，该怎么办呢？列举失恋后的好处，以“因为我失恋了，所以我获得了……”的句型为模板，写十句话，找出最合理、最可行的建议，以此作为自己的情感自卫盾牌。

专题 8.3　大学生性心理健康

一、性心理健康概述

(一) 性心理的概念

所谓性心理是指在性生理的基础上，与性征、性欲、性行为有关的心理状况和心理过程，同时也包括与异性有关的男女交往、婚恋等心理问题。性心理过程主要有性感知、性思维、性情感及性意志四个过程，它们相互联系又相互制约，共同体现在与性有关的言行之中。

1. 性感知

性感知是指主体对由视、听、触、嗅等所引起的性冲动的反应以及外生殖器官受到刺激所得到的性快感，它是性心理的基础。

2. 性思维

性思维是指主体对有关性的问题的思考，如幻想异性对象、思考如何追求异性对象等，它是性心理的核心心理过程。

3. 性情感

在性感知、性思维的基础上以及日常与异性接触中，主体逐渐地认识到了两性的差别及关系，对异性开始抱有一定的态度，如对异性的好感、思慕、爱情和性妒忌等。这些主体对异性所持的态度以及同异性对象接触中所得到的态度的体验，称之为性情感。

4. 性意志

性意志是指主体的自我意识调节性行为的能力。性意志强的人善于控制自己性冲动，而性意志薄弱的人，易受性冲动左右。

(二)性心理健康

性心理健康是在充分发挥个体潜能的同时与内部心理性心理协调与外部性行为适应相统一的良好状态。性心理健康包括三个方面的内容。

1. 良好的性认知

包括科学的性知识，正确认识性的自然属性和社会属性。例如，了解性别特征的角色期望及性的道德、伦理以及法律规范；了解性的解剖特征和生理、性心理与性行为、性生殖与避孕方面的知识；了解两性健美、性的养生与保健、性器官与性行为卫生、性功能障碍、性偏离与性传播性疾病方面的知识；了解男性美、女性美、形体美、心灵美及其相互关系等方面的知识。

2. 正确的性态度

包括两性关系中具有自尊心，能坚持自己的权利，能拒绝他人的无理要求；具有社会责任感，对两性关系中的所有具体行为负责；具有尊重感，在两性共同活动过程中既保持相互合作的态度，又能尊重异性；具有分寸感，既能坦诚与异性交往，能恰当处理友谊、爱情、事业三者关系，又能有所克制，不采取轻率、任性的态度，既无性压抑，又无性放纵。

3. 健康的性行为

包括性欲的满足应建立在爱情和合法婚姻基础之上；性爱的满足不仅仅停留在生理层面上，更重要的是在结合归属和爱、尊重和自我实现的高度上达到灵与肉的交融；能消除抑制及损害性能力和性关系的诸如恐惧、羞耻、罪恶感等不良心理因素，以及性功能障碍、性偏离，具有享受性行为和调节、控制性行为的能力。

二、大学生性心理健康的标准

(1)个人的身心应有所属，有较明显的对比。如果阴阳不可分，就难以实施较为良好的性行为和获得完美的爱情。

(2)个人有良好的性适应，包括自我性适应与异性适应，即对自己的性征、性欲能够悦纳，与异性能很好相处。

(3)对待两性一视同仁，不应人为地制造分裂、歧视或偏见。对曾因种种历史原因形成的一切与科学相悖的性愚昧、性偏见及种种谬误有清醒的认识，理解并追求性文明。

(4)能够高质量地、自然地享受性生活。

知识链接

影响性心理健康的因素

性心理健康作为身心健康的一部分，与人的身体构造、生理功能、心理素质和社会适应密切相关，因而影响性心理健康的因素也是多方面的。一是父母的素质，在相当大的程度上，遗传基因和胚胎发育决定身心的状况。二是本人，因为个人自懂事起，便对自己的身心发展拥有一定的支配能力和责任。三是家庭与社会的教育。凡生活在能够科学文明地对待社会和家庭环境的人，往往都能自然、自主而愉悦地面对性、对待性，而在谈性色变的家庭或社会环境里，人被迫对性产生肮脏、神秘、不光彩的心理，这种逆自然性的精神状态，与自然的人生需求的矛盾和抗争，往往扭曲人性。这不仅导致不健康的性心理，而且还会对人的一生产生不良影响。

三、维护大学生性心理健康的途径

（一）个人层面

作为一名当代大学生，我们要学会树立正确的世界观、人生观、价值观和性心理健康观念，积极参与学校组织开展的各类相关课程、讲座和活动，科学掌握性心理健康知识，积极解决需要面对的问题，做到张弛有度。

（二）学校层面

为促进当代大学生性心理健康，学校上下应该形成统一认识，把性心理健康教育渗透到诸教育之中。可以通过必修课或者选修课的形式，开展性心理健康教育课程，使大学生了解自身性心理发展、变化的规律与特点；定期举办性心理健康知识专题讲座和各类相关的活动，这对于帮助大学生加快人格成熟、掌握性心理健康知识具有积极的作用。还可以利用各种传播媒介，如校刊校报、板报、宣传单、微信公众号、微博等，广泛宣传和普及性心理健康常识，唤起大学生维护自身性心理健康的自觉性。

《傲慢与偏见》

英国小说家简·奥斯汀创作的长篇小说《傲慢与偏见》通过班纳特五个女儿对待终身大事的不同处理，表现出乡镇中产阶级家庭出身的少女对婚姻爱情问题的不同态度，从而反映了作者本人的婚姻观：为了财产、金钱和地位而结婚是不正确的，而结婚不考虑上述因素也是不对的。因此，作者既反对为金钱而结婚，也反对把婚姻当儿戏。她强调理想婚姻的重要性，并把男女双方感情作为缔结理想婚姻的基石。

从小说看，女主角伊丽莎白聪敏机智，有胆识，有远见，有很强的自尊心，并善于思考问题。就当时一个待字闺中的小姐来讲，这是难能可贵的。正是由于这种品质，才使她在爱情问题上有独立的主见，并促使她与达西先生组成美满的家庭。

专题9 积极情绪

撒贝宁的故事

当我们提到央视的《今日说法》，大家一定能联想到那位法律专业出身的名嘴——撒贝宁。他严谨缜密，却又不失年轻人的青春朝气，主持风格幽默风趣，给观众留下了深刻的印象。在我们的想象中，这位来自北大的毕业生应该是一帆风顺的“天之骄子”，但事实并未如此。不过，不管是挫折失意，还是荣耀赞赏，撒贝宁始终保持着阳光积极的心态，沉着应对。

撒贝宁人生的第一次重大转折发生在他12岁的时候，因为0.5分的差距，与理想的重点初中失之交臂。开始的时候，他还幻想着差得不多，也许还能幸运地挤进去，但是开学后，他才知道根本没有办法上理想的学校了。“这是我人生中的一次教训，我明白了：并非所有机会都会垂青于你，如果不达到最低标准，再有能力，也没有发挥的余地。”不过，撒贝宁很快调整心态，卧薪尝胆，中考时考回了当地的重点高中——武汉一中。

1994年保送到北大是撒贝宁人生的第二次转折。在这之前，他自认为个性自由散漫、内心极不安分，是北大提供了极大的空间，安放了他的灵魂。撒贝宁曾动情地说：“北大的校园救了我。北大真正让我找到了自己。”他非常投入地参加北大的合唱团、戏剧社，还接触过高晓松、水木年华这样的著名音乐人，慢慢地明白了自己究竟想成为什么样的人。在北大读本科期间，撒贝宁把自己积极的性格发挥到了极致，勇于尝试，不怕失败，也正是因为他敢于尝试与表现，获得了保送北大研究生的机会。

中央电视台筹备《今日说法》时，需要找一位法律专业的学生来主持，虽然老师们也推荐了他，但一切都要看个人的表现。当然，撒贝宁的表现最终没有让老师们失望，在镜头前的专业、镇定，征服了央视。

撒贝宁工作生涯中第三次重大转折应该是2000年的主持人大赛。这次大赛之后，电视机前的观众不仅记住了他主持的节目，还牢牢地记住了撒贝宁本人，“这个比赛对我的职业生涯，是信念上的极大肯定”。正如他自己所说：“就像学自行车，摔着摔着，但是突然就会了。换个环境，站在舞台上，我找到了舒服的表达方式，其实就是心里的坎迈过去了。”从这以后，撒贝宁开始频繁出现在中国的诸多媒体上，也因此成为家喻户晓的央视名主持。

撒贝宁的经历看起来非常幸运，但是沿着其个人成长轨迹看，如果没有积极的心态，不善于调整个人情绪，他也不会有这样的“幸运”。

专题9.1 认识情绪

一、什么是情绪

情绪是一个人心理健康的重要标志。我们每天都会有五花八门的情绪体验,有时欣喜若狂,有时焦躁不安,有时害怕,有时愤怒,有时悲痛,有时舒畅快乐……情绪是指个体经受某种刺激后产生的一种身心激动的状态。情绪是一个非常复杂的心理现象,会产生对应的心理唤醒、主观体验和外部表现。情绪也是一种态度体验,当客观事物满足自己的需要时,会引起积极的情绪,否则便会引起消极的情绪。

二、情绪的分类及表现形式

(一)情绪的分类

人类有 4 种基本情绪:快乐、愤怒、恐惧和悲伤。有些情绪是正面积极的,如快乐、热情、感恩等;有些情绪是负面消极的,如愤怒、嫉妒、悲伤、自卑、沮丧等。在一段时间内,一定的生活事件或情景的影响下,各种情绪体验的一般特征表现为情绪状态,根据情绪状态的强度和持续时间可以分为心境、激情和应激。按照层级分类,情绪还可以分为:原始的基本的情绪,这类情绪具有高度的紧张性,包括快乐、愤怒、恐惧和悲伤;感觉情绪,包括痛苦、厌恶、轻快;自我评价情绪,主要取决于一个人对自己的行为与各种行为标准之间关系的感知,包括成功感与失败感、骄傲与羞耻、内疚与悔恨;恋他情绪,这类情绪往往凝聚成持久的情绪倾向或态度,如爱与恨;欣赏情绪,这类情绪包括惊喜、敬畏、美感和幽默等。

(二)情绪的表现形式

情绪作为一种反应形态,有许多表现形式,如快乐、悲伤、兴奋、惊讶、愤怒、沮丧等。情绪包括生理变化、主观感觉、行为冲动和表情动作这 4 方面的反应形态。

1. 生理变化

情绪会引发人们的某种生理反应,如“怒发冲冠”就是形容极度愤怒的状态,甚至“让头发都竖起来”。有些人害羞时会脸红,这也是情绪反应中的生理变化。同时,情绪的变化也会受到神经系统的控制。当一个人很兴奋的时候,自主神经系统会告诫个体要保持冷静;当一个人很激动的时候,自主神经系统会将自我调节到放松的状态。

2. 主观感觉

不同的人对同一事物可能会有不同的反应,这就是主观感受的特征。例如,有人看到晴天会感到高兴,讨厌阴雨天气;而有的人则喜欢雨天漫步,讨厌艳阳高照。人们对天气的不同感受也同样会影响自身的情绪。

3. 行为冲动

个体情绪对行为有重要的影响。良好的情绪可以促进行为的发生并提升效率,不良情绪则可能会产生抵触或冲动性行为。因此,要在冲动之前保持冷静,才能避免冲动过后的后悔。

4. 表情动作

我们可以从他人的表情动作中察觉情绪的变化，如喜欢某种东西时会表现出高兴，厌恶时会撇嘴等。不过情绪的表情动作也会因为后天教育和文化背景的不同而有所差异，如西方人喜欢直接表现出喜怒哀乐的情绪，东方人则讲究含蓄，避免过度表现自我。

三、情绪的功能

情绪的功能主要表现在以下几个方面：

（一）情绪是适应生存的工具

情绪是人类早期赖以生存的手段。婴儿期主要依靠情绪来传递信息，抚养者通过观察婴儿的情绪反应为其提供各种生活条件。情绪是人们心理活动的晴雨表，直接反映人们的生活状况，情绪的适应功能在于改善和完善人们的生活条件。积极情绪有利于促进社会亲和力，消极情绪则有着极大的破坏作用。

（二）情绪具有激励作用

情绪可以促使个体趋近重要的目标，由情绪激发的生理唤醒状态可以促使个体达到较高的绩效水平。耶克斯·多德森定律认为唤醒水平和绩效之间存在着倒"U"形曲线的关系。因此，适度的情绪可以提升我们的绩效，过强或过弱的情绪反而会降低工作效率。

从情绪的动力性特征来看，情绪可以分为积极情绪和消极情绪。喜欢、快乐、热爱、自信等积极情绪会激发人们参与活动的积极性，而厌恶、恐惧、痛苦、自卑等消极情绪会降低人们的活动能力。

（三）情绪促进人际交往

在人际交往中，人们可以依靠表情来传递情绪信息和思想意图。心理学家发现，日常生活中55%的信息是通过非言语表情传递的，38%的信息是通过言语表情传递的，只有7%的信息是通过言语传递的。表情是一种比语言产生更早的心理现象，更生动，更富有表现力，更神秘，也更敏感。人们可以通过表情准确而微妙地表达自己的思想感情，也可以通过表情去辨别对方的态度和内心世界。

（四）情绪对认知有重要影响

当心情愉悦的时候，情绪持续保持良好，个体的学习或工作效率会更高。研究表明，情绪状态可以影响人的学习、记忆、社会判断力和创造力。

（五）情绪具有传染效应

一个人的情绪可以影响他人的情绪。消极的情绪可以影响周围人的心情，积极的情绪也会感染别人，使对方和周围的人都变得积极乐观。心理学上的"波纹效应"，类似于一块石头抛入水中，溅起涟漪，一圈一圈不断扩散。波纹效应有好也有坏。最典型的"踢猫效应"描述了消极情绪的连锁反应，最终连无辜的猫都受到了牵连。

（六）情绪的好坏直接影响身心健康

情绪的好坏会直接影响身心健康。积极的情绪有助于身心健康，而消极的情绪则会导致各种疾病。与情绪失调相关的心因性疾病有很多，如胃病、偏头痛、高血压、月经失调、心脏病、癌症等。美国心脏病学会将易患上心脏病的人群定义为A型性格人群,认为这类人自我要求过高,性情暴躁,易发脾气。

知识链接

致命杀手"生气水"

最近,美国心理学家进行了一项实验,他们把愤怒的人血液中的物质注射到小鼠身上,并观察其反应。初期,这些小鼠行动迟缓,整天不思饮食。几天后,它们就默默地死掉了。为了研究情绪状态对健康的影响,美国生理学家爱尔玛设计了一个非常简单的实验:把一根玻璃管插在正好是0℃的冰水混合物容器里,然后分别注入人们在不同情况下的"气水",即用人们在悲伤、悔恨、愤怒时呼出的水汽与他们在心平气和时呼出的水汽做对比实验。结果发现,当一个人心平气和时呼出的水汽冷凝成水后,水是澄清透明、无杂质的;悲伤时呼出的水汽冷凝后则有白色沉淀;悔恨时呼出的水汽沉淀物为乳白色;而愤怒时呼出的"生气水"沉淀物为紫色。往大白鼠身上注射"生气水",几十分钟后,大白鼠就死了。由此可见,愤怒对健康的危害非同一般。

研究表明:10分钟的愤怒会耗费大量精力,其程度不亚于参加3000米赛跑;而且愤怒的生理反应也非常剧烈,分泌物比其他任何情绪状态下的分泌物都要复杂且更具毒性。生气发怒引起的后果有:伤心损肺,气愤必然引起心跳加快,心律失常,恶气侵入心脏,心痛、气短、胸闷、肺胀、咳嗽和哮喘。

专题9.2 大学生常见的不良情绪及其调适

一、大学生常见的不良情绪

大学生常见的不良情绪,主要包括自卑和焦虑两方面。

(一)自卑

自卑是指在和他人相比时,由于低估自己而产生的情绪情感体验。自卑的人对自我的评价过低,轻视或看不起自己,认为自己的能力、外貌、个性、品质、自我评价等达不到理想自我的标准,从而丧失了实现理想自我的信心,总觉得自己比别人差。自卑的人总是以别人为参照系罗列理由,说明自己的无知和无能。

大学生的自卑心理主要表现在以下几个方面:第一,在诸多竞争活动中退缩,甚至明明能成功也放弃机会。遇事羞怯、不自信、焦虑、害怕失败,甚至还伴随着一些生理症状,如失眠、盗汗、心悸等。第二,不承认自己的不足并竭力掩饰,让他人觉察不到自己内心的自卑,为此常常夸大自己的作为,故作炫耀,总想一鸣惊人,有时表现出强烈的虚荣心,对自己的缺点和他人的评价很敏感,所有的这些都是为了掩饰内心的自卑并由此而获得一种补偿。

(二)焦虑

焦虑是一种复杂而普遍的负面情绪,但没有明确对象和内容。其表现是:害怕、恐慌、担忧,似乎灾难即将来临,却又不说出究竟怕什么或究竟会发生什么样的灾难和不幸。焦虑主要表现在焦虑性神经症中,包括:意识精神性焦虑,常常表现为无原因、无对象的烦躁,易激怒、注意力不集中,记忆力下降,经常处于惊觉状态;躯体性焦虑,如颤抖、坐立不安、来回走动,经常变换姿势等;自主神经功能紊乱,如心跳加速、气短、胸闷、心悸、心慌、多汗等症状。

大学生的焦虑主要表现在考试焦虑、身体健康焦虑和适应焦虑三个方面:考试焦虑,即因害怕失败或渴望取得更好的成绩而产生的一种忧虑、紧张的心理状态。考试焦虑一般在考试前几天表现出来,随着考试日期的临近而日益严重。身体健康焦虑,是指过度关注身体健康而引发的焦虑不安,伴有失眠、疲倦等症状。适应焦虑,即由于不能快速适应大学环境、学习方式和人际关系等而产生的焦虑,这在新生中很常见。

二、不良情绪的诱发因素

负面情绪是引发身心疾病的重要原因。在负面情绪的笼罩下,人的意识变得狭窄,判断力和理解力下降,甚至失去理智和自控力,导致行为失控,人际关系失调,目标混乱,免疫力下降,产生疾病。不良情绪的产生主要由以下因素造成:

(一)不合理的认知

根据艾丽斯的情绪 ABC 理论,情绪的产生,更多是由于个体的思维、观点或看法,并非刺激事件本身。同样是面对半杯水,悲观的人会认为“只剩下半杯水了”,显得患得患失,而乐观的人会认为“还有半杯水”,可以从容乐观地享受。可见,事物的本身并不影响人,影响人的是自己对事物的看法。

(二)不正确的归因

当个体把成功归因于能力和努力等内部因素时,会感到满足和自信,当把成功归因于任务容易和运气好等外部因素时,一般会感到不太满意。同时,当个体将失败归因于缺乏能力或努力时,会产生羞耻、内疚和挫败感,而将失败归因于任务太难或运气不好时,羞耻感就会减少。无论是成功或失败,归因于努力会比归因于能力产生更强烈的情绪体验。可见,不同的归因会影响个人的情绪,甚至产生不良的情绪体验。

(三)以偏概全

以偏概全也被称作视网膜效应,指的是我们眼里看到的事物与心里所想的东西密切相关,以偏概全。我们看人容易一好百好,产生“晕轮效应”,如“情人眼里出西施”“爱屋及乌”,也容易一坏百坏。在生活中,如果一个人很自卑,那么他可能只会看到自己的缺点,同时发现他身边有很多人有着类似的缺点,无法发掘自己和他人的优点,可能会导致人际关系恶化,也会使自己产生不愉快的情绪。

三、不良情绪调控的原则与方法

(一)不良情绪调控的原则

1. 疏导性原则

对情绪的调控与控制不等于对情绪的抑制或否定。如果过多压抑正常的情绪体验和反应,并不能真正消除情绪体验和相关的生理变化,反而会堆积于心,长期保持下去,直至发展成为一种病理状态。研究表明,过度压抑情绪表现,可能会增加多种心身疾病的发生率,因为不良情绪可能会导致免疫功能下降,增加发病率。因此,情绪调控的原则之一就是合理地疏导情绪,缓解情绪,防止压抑情绪的不良反应出现。

2. 建设性原则

建设性原则指的是以积极主动的态度去对待和处理情绪与情感问题,而不是以消极被动的态度去应对。对于当事人而言,情绪困扰时应积极寻找解决问题、补偿、升华等摆脱困境的方法,而不是采取逃避、压抑、否认、沉默的消极应对方式。对于有情绪障碍的朋友,应给予精神支持,用建设性的态度看待他,而非讽刺、挖苦、指责或过度保护。情绪体验于个体而言具有很大的差异性,不能以己度人,而应鼓励当事人积极走出困境。

(二)不良情绪调控的方法

1. 宣泄法

常见的宣泄法包括大哭、倾诉、写日记、运动等方法。虽然我们会说“男儿有泪不轻弹”,但大哭的确是一种有效的排毒方式。当我们有各种心事的时候,可以跟亲朋好友分享,也可以在日记中独自分析。通过跑步、打球或大喊大叫,可以释放聚集在体内的能量,缓解压力。通过“适度”宣泄的方法将负面情绪宣泄出去,既能降低负面情绪的影响,保持身心健康,又能避免伤害到他人。

2. 转移法

外部环境、行为、心理反应、情绪和思维是一个互相影响的系统,通过改变外部环境刺激可以有效地影响情绪。转移法可以分为消极的负转移和积极的正转移。消极的转移指从不良情绪转移到吸烟、酗酒、自暴自弃等行为,这是应该避免的转移方向。积极的转移是把时间、精力从消极情绪体验转向有利于个人发展的方向,如勤奋学习、积极锻炼等。转移法还可以分为转移注意力和转换心情。转移注意力可以把注意力放在别的事情上,如停下正在从事的活动,把身心投入到另外一项活动中;或者回避那些引发不愉快的场景,尽可能躲开导致心理困境的外部刺激,通过转移注意力实现主观的回避。另外,还可以转换心情,如回忆一些愉快的事情、读一个笑话等,产生笑容,让情绪产生变化。

3. 认知调控法

通过改变个人的想法和态度,能降低周围环境对个体情绪的影响力,从而达到调节情绪的目的。我们可以尽最大的努力去改善环境、改变现状,但是当我们无能为力的时候,不妨改变一下我们的思维,甚至挑战某些杞人忧天的想法,寻找证据说服自己:情况并没有那么糟糕。通过提升我们的思想,把我们的精力转移到有利于社会或个体成长的活动中去,从别的活动中寻找成就感。

心理训练

合理情绪疗法的运用

合理情绪治疗(Rational-Emotive Therapy,简称 RET)也称“理性情绪疗法”,是帮助来访者解决因不合理信念产生的情绪困扰的一种心理治疗方法。是 20 世纪 50 年代由阿尔伯特·艾利斯(A. ElliS)在美国创立的。合理情绪疗法的基本理论主要是ABC理论,A是指诱发性事件;B是指个体在遇到诱发事件之后产生的信念;C是指特定情景下,个体的情绪及行为结果。通常人们认为,情绪的行为反应是由诱发性事件A直接引起的,即A引起了C。ABC理论指出,诱发性事件A只是引起情绪及行为反应的间接原因,而人们对诱发性事件所持的信念、观点和理解B才是情绪及行为反应的更直接的原因。合理的信念会引起人们对事物适当的、适度的情绪反应;相反,不合理的信念会导致不适当的情绪和行为反应。不合理信念有三个特征,即绝对化的要求、过分概括的评价、糟糕至极的结果。

在合理情绪治疗训练中,应指导当事人以新的适应性的思维和行为模式看待和处理问题。具体方法如下:

一是RET自助单法。请参与者画一张包含四列的"RET自助单":左边第一列写下导致负性情绪的事件,如当众演讲;第二列写下自己原来对此类事件的看法,如认为讲砸了别人就会看不起我;第三列写上从事实和逻辑两方面驳斥错误的看法,如即使讲砸了也不是世界末日,即便老手也有搞砸的时候;第四列用新的想法思考面对问题时的体验与感受。

二是改变内部对话内容,纠正非理性的信念。成人在思考处理问题时,存在着一种不出声的自我对话方式,个体对这种内部对话的内容及其准确性并不自觉。指导者以一个日常生活中的情景为话题,如一个在众人面前发言的场合,请当事人想象处于那个情景之中,先按照以前的思维习惯将内在的自言自语思维内容说出来,如"我必须表现得与众不同""我演讲必须成功""我讲砸了就完蛋了"等,然后一起分析这些内在的观念是否恰当,如有不恰当的,其新的表达应该是什么,如"我只要表达明白就可以了""我将自己的想法告诉大家就是成功""就是讲砸了也不意味着我整个人不行"等。

当当事人熟悉这一过程后,要求其经常监测自己的内部对话内容,并将其记录下来,按照前述的步骤进行自我分析,发现存在的错误,找到正确的表达方式,并牢记与实行。

4. 身心放松法

该方法包括了生理放松和心理放松。其中,生理放松包括肌肉放松和呼吸放松;心理放松包括想象放松和音乐放松。

5. 幽默法

很多时候,复杂、严谨的理论知识不能解决的矛盾,运用自嘲、嬉笑等幽默法却可以迅速化解、出奇制胜。适时适度的幽默有时是摆脱困境的法宝。

6. 获取支持法

当个体陷入较严重的情绪障碍而又无力解决时,应及时向亲朋好友、师长、专业机构等社会支持系统寻求帮助。及时找到倾诉的对象,获得心理上的支持和力量,有助于当事人走出习惯性的思维模式,得到新的视角和思路,有效解除情绪问题。

专题9.3 大学生良好情商的培养

一、情商的概念

情商即情绪智力,是个体加工情绪信息、识别和管理自己及重视他人情绪的能力,也是处理各种情况的非认知能力、胜任力和技能的结合体。萨洛维和梅耶在《情商》(1990)一书中将情商定义为5项核心能力:了解自身情绪、管理自身情绪、自我激励、识别他人情绪、调节他人情绪的能力。

知识链接

萨洛维和梅耶的情绪智力四因素模型 表9-1

四因素	具体能力
维度1:情绪感知	根据个人的身体和心理状态来识别情绪的能力; 识别他人情绪的能力; 能够准确表达情绪及表达与情绪相关需求的能力; 区分真实的和伪装的情绪的能力
维度2:利用情绪来促进思维	能够根据相关的感受来重新引导思维和对思维按优先次序排序的能力; 产生情绪来促进判断和记忆力的能力; 运用心境变化来理解多种观点的能力; 运用情绪状态来促进问题解决和创造的能力
维度3:理解情绪	理解各种情绪之间关系的能力; 感知各种情绪的原因和相应后果的能力; 理解复杂的感受、混合情绪和对立情绪状态的能力; 理解情绪之间相互转变的能力
维度4:管理情绪	能够接纳愉快的和不愉快的情绪感受的能力; 监控和反思情绪的能力; 投入、延长或脱离一种情绪状态的能力; 管理自己和他人情绪的能力

二、大学生良好情商的培养

情商首先表现为对自己情绪的识别和评价,知道自己情绪产生的原因。高情商的个体比他人能更好地感知情绪,在思考中利用情绪,理解情绪的意义,以及管理情绪。这样的人只需要较少的认知努力来解决情绪问题,而语言能力、社会智力和其他智力也通常较高,尤其是那些在情商测试中理解情绪部分得分高的个体。高情商个体比他人在性格上更外向,也更令人愉悦,喜欢涉及教学、咨询等需要人际互动的职业。高情商的个体不容易产生问题行为,远离吸烟、酗酒、吸毒或和他人发生暴力冲突这些自我破坏的消极行为。高情商的人,尤其是管理情绪维度得分高的人,更有可能眷恋家庭,有更积极的社会互动。一般来说,情商提升了个体的社会适应性。情商越高,社会关系就越好。如果你想培养良好的情商,必须先了解情绪,利用好情绪的力量。

(一)情绪的自我觉察

了解自己的情绪,才能合理地利用、操控、驾驭它。了解自己在人际交往中的情绪变化情况,知道触发情绪的诱因,才能及时调整自我的情绪状态,妥当处理各种情况。

如何了解自己的情绪呢?

1. 通过他人评价来了解自己

一般而言,他人评价比自己的主观认识更客观。对待别人的评价,应全面听取、综合分析、恰如其分地对自己做出评价和调整。如果自我评价与他人评价的偏差较大,则需要进行自我调整。

2. 自我监控和自我反省

通过自己过往成败的经验教训,找到自己的情绪特点,在不断的自我反省中,把握自己的情绪规律。

自我监控可以促进对情绪、引发情绪的情景以及与情绪相伴的想法和信念的察觉。自我监控训练的方法是记录心情日记,日记内容包括:①活动——引发情绪波动的活动;②信念——导致情绪变化的信念;③结果——描述情绪的变化情况。回顾日记就可以发现,导致心情变差的大部分原因是因为信念,或者说是对事件的诠释。

3. 掌握一般的情绪变化规律

我们的情绪存在周期变化,有高潮期、低潮期和临界日,可以有意识地将情绪调整到最佳状态,避免因为情绪波动过大影响自己的学习和生活。

知识链接

生物三节律

20世纪初,英国医生费里斯和德国心理学家斯沃博特同时发现了一个奇怪的现象:有一些病人因头痛、精神疲劳等原因,每隔23天或28天就来治疗一次。于是他们就将23天称为"体力定律",28天称为"情绪定律"。20年后,特里舍尔发现学生的智力是以33天为周期进行变化的,于是他将其称为"智力定律"。后来,人们把"体力定律""智力定律"和"情绪定律"总称为生物三节律。

(二)善于管理与调控自我的情绪

情绪时有波动起伏,有的人可以很好地管理自己的情绪,有的人却常受负面情绪困扰。因此,掌握一些情绪的管理与调节方法非常有必要。

1. 接纳情绪

情绪是人类对周围情景非常自然的反应状态,本身不受意志的控制,但来去有一定的规律可循。当有危险的外在刺激出现时,我们会觉得紧张焦虑,会产生害怕的生理反应及感受,促使我们警觉地选择战斗或逃走,具有一定的生存意义。当有幸运的事情发生时,我们会产生开心欣喜的感觉。因此,不管是正面的还是负面的情绪,都有存在的价值。我们应该识别这些情绪,允许自己接纳这些情绪。所谓接纳,就是不加指责地承认情感的真实性,不加指责地承认自己有产生和表达这些情感的权利。过度地压抑负面情绪,代表着否定并排斥这种情绪的存在,长此以往只会让自己更加压抑和郁闷。只有先接纳情绪,才能让我们把内心的情绪充分发泄出来,以减轻内心的焦虑和不安,减少消极情绪,有利于重新建立积极的情绪和情感表达。

2. 适当地表达情绪

学会合理有效地表达自己的情绪,也是一种成熟理智的做法。如果情绪没有表达出来,有可能戴着面具继续压抑自我,让周围人无法理解自己,可能也会失去一些宝贵的机会,甚至会因为压力过大而引发疾病。因此,我们应该学会用合理的方式表达自己的情绪。但是,也要避免因为情绪过于强烈而伤害到他人或自己。

合理地表达情绪需要做到及时地表达、适度地表达和清楚具体地表达。及时处理情绪非常重要,有利于宣泄掉某些负面的情绪,避免因长时间负面情绪的积攒而导致不良后果,进而更积极有效地处理问题。适度地表达情绪,有利于保持情绪的平衡状态,保证身心健康状态。在表达情绪的时候,应该用“合理程度”和“类型”的字眼来表述,并加以简单的理由说明,尽量具体明白,如“我很生气,因为你说你六点过来,而现在已经八点了”。也可以尝试不带情绪地描述有问题的情景,不加指责地说出这个情景给你造成的麻烦,明确说出你希望对方怎么做,例如“我想按时完成这些报告,但是你那部分还没完成,我担心报告不能在截止日期之前完成,我希望以后你可以在我们说定的时间内给我你做的那部分”。

3. 合理地调控情绪

学会有效调控自己的情绪,也是个体迈向成熟的重要一步。可以通过一些直接的、正向的方法来舒缓自己的情绪,也可以调整思维方式,通过转换对外部信息接收的角度和强度,对原有的心理认知进行重组、升华后再进行整合,从而达到外部刺激与心理认知协调统一、“合理变通”的目的。关于情绪调控的具体方法,上文已详细阐述,此处不赘述。

4. 善于激励自我

语言是个体表现情绪的工具之一,通过语言可以引发一系列的情绪反应。例如,积极暗示法,就是通过正面的言语,把自我的意志、心理以及生理状态调整到最佳位置,保持愉快乐观的心情,建立自信,充分调动主观能动性。通过过往成功的经历和体验,我们可以从自我暗示中体会到自信。通过对未来的美好预期,我们努力朝目标迈进,也可以产生巨大的潜力。

挖掘失恋的积极意义

来访者询问:“上个月女朋友和我分手了,我感到极度自卑,为什么没有女孩愿意跟我在一起? 我一直不能从这种阴影中走出来,觉得自己已经到了绝望的边缘。”

咨询师回答说:“这确实是一件令人伤心的事,但你有没有想过单身的好处呢?”

来访者反问:“好处? 到目前为止还没有发现。”

咨询师说:“你正好有了自己独处的时间,抛开那个女孩离开你的原因,但她的离开至少证明了一点,就是你们不合适,所谓‘强扭的瓜不甜’就是这个道理。没有女朋友会有很多自由,你可以有大把的时间用于工作,为自己充电。在异性眼中,认真工作的人最具魅力。你还可以毫无顾忌地和朋友聚会挽回曾经冷落的友情，为父母家人多尽一点孝心，或者从事一些公益活动来分散自己的精力，总之只要尽量让自己变得热情、值得信赖，你就会吸引更值得你去珍惜呵护的女孩。"

失恋本身是一件很糟糕的事，但是深层挖掘事件的积极意义是一种积极应对的态度。首先，承认负面情绪产生的合理性，不压抑它，也不放纵它，坦然接受它。然后，冷静分析情况，寻找问题产生的原因，对症下药，找到问题的关键所在，通过升华进一步将负面情绪转变为积极情绪。

(三)正确感知和应对他人的情绪

一个人的情绪变化会通过言语、动作等表现出来，情绪的外在表现称为表情，包括言语表情、面部表情和肢体表情。在社会交往中，人们可以根据表情和言语来判断他人的情绪状态。美国传播学家艾伯特·莫拉宾曾提出：人际交往中的所有信息表达是由7%的语言(话语)、38%的副语言(即言语表情)以及55%的肢体语言(即面部表情和肢体表情)组成。可见，在社会人际交往中，无声的表情所进行的信息沟通占了90%以上。具体来说，感知情绪需要留意一个人的面部表情或声音所传达的微妙的情绪线索，根据对方的非言语行为判断深层信息。

正确解读他人的表情，是感知他人情绪的关键。感知他人情绪的基本途径有：

1. 面部表情的解读

人们关于表情语言的认识最趋一致的就是面部表情。

眼睛是心灵的窗户。观察眼睛是揭示人内心世界最有效的途径之一。眼球的转动一向被认为是最明确的情感表达，人的情绪、情感和态度的所有变化都可以通过眼睛表现。

相对于目光而言，脸部更容易成为辨别对方心情和态度的线索。面部表情是一个人内心状态的"晴雨表"，是一个人情绪和态度的外在表现。因为脸部表情肌肉很容易受控制，所以表情也很容易伪装。例如，笑分为真笑与假笑，只有在大笑时所表露的情感才是真实的；微笑几乎难以表达真实的情感，在勉强的情境中一个人很难开怀大笑，却可以微笑。

2. 体态表情的解读

在人际交往中，个体不同的动作和姿势反映出不同的情感体验和心理状态。研究发现，相比于面部表情，人的姿态动作往往更容易泄露个人内心状态。人的双手所表达的情绪在体态表情中占有极其重要的地位，如"振臂高呼""双手一摊""手舞足蹈""双手环抱"等分别表达了一个人的激愤、无奈、高兴、抗拒情绪。

3. 言语表情的解读

语音的高低、强弱、节奏等是表达说话者情绪的手段。在人际交往中，人们往往通过声音来判断对方的情绪。

由于情绪情感的复杂性、微妙性和社会性，人们可能会用某种显著的表情来掩饰自己的真实感受。因此需要通过多种途径去推测和了解他人的内心世界。

此外，共情能力来自于直接的人际沟通，对于理解他人想法、解决人际问题具有非常重要的作用。可以尝试做专门的人际沟通练习，如安排专门的时间和地点，在无压力无干扰的情境下，一次讨论一个问题，轮流发言，简洁明了。要告诉对方，你希望知道对方对某个问题的看法，要认真倾听对方表达的意见。如果对方的观点不是十分明确，那就让对方再详细地说一说。然后，把听到的内容简要总结一下，与对方核实，看你的理解是否正确。如果有不对的地方，倾听对方提出的异议，继续总结、核对、矫正，直到把对方的观点完全弄清楚。在整个过程中，只倾听，别批判，集中注意力记住对方的话。倾听时，暂时保留自己的观点和情绪，避免把消极意图归结到对方身上，组织语言，在捍卫自己观点的同时不打断或抨击对方。当你准确理解了对方对情景的看法，就实现了共情。

当然，准确察觉他人的情绪之后，如果想很好地调节他人的情绪，还需要掌握一些必要的沟通技巧。例如，人际沟通技巧中的"三明治法则"，指的就是一个人在批评他人的时候，把"批评"的内容夹在"表扬"和"期待"中间，使受批评者能更好地接受批评意见。

《积极情绪的力量》

《积极情绪的力量》是由北卡罗来纳大学杰出教授、积极情绪研究者芭芭拉·弗雷德里克森撰写的。2000 年，因她在积极心理学领域的杰出贡献，美国心理协会授予她坦普尔顿奖。坦普尔顿奖的影响力及奖金额与诺贝尔奖相当。积极心理学之父马丁·塞利格曼称她是积极心理学领域的天才。

本书分为两个部分，第一部分是介绍积极情绪的好处以及最佳情绪配比是积极情绪与消极情绪的比值为 3:1；第二部分是本书的重点，介绍如何达到最佳情绪配比，即减少消极情绪，提高积极情绪。人的一生中所经历的积极情绪其实是很有限的，大多数人都处在不温不火的状态中，甚至消极情绪远远超过积极情绪的糟糕状态，生活的美好在于想办法提高积极情绪，减少消极情绪。

专题 10　增进主观幸福感

海湾里的聪明人

美国商人伍迪站在一个墨西哥小镇的渡口,这里来了一艘小船,上面走下来一个渔夫,小船里装了几磅大海虾。

这个美国人看到渔夫的渔网,奇怪地问道:“你的网眼为什么这么大?更密些的网眼不是能捕到更多的虾吗?”渔夫回答道:“我只捕自己所要的,先生。父亲教我如何织网,我的爷爷又教我的父亲如何织网。我每天都织补这张网让它更牢固。”

伍迪问渔夫每天要花多少时间捕虾。渔夫回答:“只需一小会儿。”美国人问道:“那你其他时间在干什么呢?”渔夫答道:“我起床很晚,我要祈祷,捕一会儿虾,跟孩子们一起玩耍,跟我的妻子睡午觉,检查和修补虾网,晚上我会在村里闲逛,喝点葡萄酒,与我的朋友们一起弹吉他。我的人生充实而繁忙,先生,我很快乐。”

听完渔夫对其生活的描述,伍迪不无嘲讽地说:“我是哈佛大学工商管理硕士,我可以帮你取得更大的成功。你应该用一张更密的网,多花点时间捕虾;然后,购买一艘更大的船,用一张更大的网,去更远的地方捕虾。利用这艘大船所创造的利润,可以购置更多的船;然后,你就可以拥有一只船队。不再将你的捕获物卖给中间人,而是直接卖给食品加工商,开办你自己的工厂。你可以离开这个小渔村,去墨西哥城,然后是休斯敦,再去洛杉矶。到那时,你可以管理自己日益扩展的事业。”

渔夫被这个复杂的计划弄得有点猝不及防,问道:“可是,先生,实现这些需要多长时间呢?”伍迪说:“15~20 年。”渔夫又问:“但是然后呢,先生?”美国人大笑道:“若时机合适,你只需向公众卖出你公司的股票,就会变得很富有,可以挣几百万呢。”“几百万,先生?那然后呢?”渔夫问道。美国人回答说:“然后,你就退休,搬回海边的小渔村。在那儿你可以很晚起床,祈祷,钓一会儿鱼,和你的孙辈一起玩,跟你的妻子午休,晚上到村里去散步,可以喝点葡萄酒,并与你的朋友们共度时光。”

专题 10.1　主观幸福感概述

一、什么是主观幸福感

(一)"幸福"等于"快乐"吗?

幸福是人类讨论的永恒话题,亚里士多德曾说:"幸福是人生追求的终极目的。"每个人忙忙碌碌,努力学习,认真生活,成家立业,追求梦想,最后殊途同归,都是希望找寻自己人生的幸福。

2012 年,中央电视台播出了一个叫《你幸福吗》的节目,在全国各地进行了街头访问。随后,也有人在美国纽约街头做了类似的访谈。对于"你幸福吗?""你觉得幸福是什么?"访谈记录下普通民众一些朴实有趣的回答:"快快乐乐不就是幸福吗?""有钱就是幸福。""幸福就是没有后顾之忧。""幸福快乐就是完全沉浸在某件事当中。""快乐就是做自己想做的事,跟别人分享。"

每个人对幸福都有自己的看法与定义。在日常生活当中,许多人会将"幸福"与"快乐"等同,希冀人生是美好的,是远离烦忧、痛苦,愉快开心的。就像著名的哲学家穆勒说的,"幸福是指快乐与没有痛苦,不幸福指痛苦和丧失愉快。"

"幸福"与"快乐"完全等同吗?从现代心理学的观点来说,幸福和快乐是有一定区别的。幸福首先是快乐愉悦的心理体验,但快乐并不就是幸福,快乐是"满足",是个体的需要、欲望得到实现的反映和体验,快乐更多地与生理、心理相关联。幸福不只是一种内心的感受,除了生理、心理基础,幸福还包含了对人生的深刻理解和满足感,包含了人的立场与价值观念。幸福与快乐的区别还在于它们对人生的重要性不同,这种重要性包括时间的长短与感受的大小。也可以说,幸福是最大的快乐,是持久的快乐,是对人一生具有重大意义的快乐。

(二)主观幸福感的定义

调查研究发现,决定幸福的不是人们所经历的事情,而是人们对所发生的事件是如何看待及评估的。大多数心理学家都从个体的主观精神层面去探讨幸福,因此主观幸福感即为个体主观感受到的幸福。主观幸福感是心理学研究幸福的一个核心指标,它强调主观的心理体验,是人们对自己的身体状况、心理功能、社会能力以及综合状态的主观评价。主要内容包括两个方面:情感体验与认知评价。

1. 情感体验

情感体验指个体在生活中的情感与情感反应和体验,包括积极和消极的情感。积极的情感包括快乐、自信、好奇心、动机、意义感和其他情感体验;消极的情感包括伤心、愤怒、痛苦、恐惧和厌恶等情感体验,但并不包括严重的情绪障碍。另一方面,积极的情绪和消极的情绪是相对独立的,有积极的情绪并不意味着消极的情绪较少,反之亦然,影响两者的因素也不相同。为了提高个人的生活满意度,提高主观幸福感,在除了减少消极情绪外,还可以增加积极情绪。

2. 认知评价

认知评价是对生活质量的总体评价,即生活满意度,认知评价是衡量人的主观幸福感的一个重要指标,作为一种认知因素,它是一种更有效的肯定性衡量标准。

知识链接

全球幸福指数报告

2012 年 4 月,联合国发布了其第一份《全球幸福指数报告》。该报告比较了 2005 年至 2011 年世界 156 个国家和地区的人的幸福水平。该报告包含 9 个要素:教育、健康、环境、管理、时间、文化包容、社区活力、幸福以及生活水平。每个要素中有 3 ~ 4 个子项,共有 33 项。据报道,丹麦是世界上最幸福的国家。中国大陆排名第 112 位。

排名前十位,也可以说是“全球最幸福”的 10 个国家是:丹麦、芬兰、挪威、荷兰、加拿大、瑞士、瑞典、新西兰、澳大利亚、爱尔兰。

排名倒数十位,“全球最不幸福”的 10 个国家是:多哥、贝宁、海地、塞拉利昂、布隆迪、科摩罗、中非共和国、坦桑尼亚、刚果(布)、保加利亚。

1. 财富并非决定因素

通常看来,经济水平高的国家国民幸福感比较高。幸福感排名前 4 位的国家有:丹麦、芬兰、挪威和荷兰,世界人均收入排名前 15 位。但财富的多寡也并非是国民幸福感的决定性因素。美国哥伦比亚大学经济学家杰弗里·萨克斯——《全球幸福指数报告》制作者指出,国民生产总值并不能代表幸福程度,尽管国民财富与国民快乐存在一定联系,但两者之间没有内在的必然联系。例如,美国自 1960 年以来人均 GDP 增长了 3 倍,但幸福指数没有显著上升。

2. 经济增长有弊端

萨克斯补充说,虽然经济增长可以通过提高生活水平来提高生活满意度,但它也带来了更多的社会问题,如糖尿病、饮食失调、肥胖和其他健康问题;一些不健康生活习惯的养成,如沉迷于购物、电视、赌博、网络,以及社会环境心理因素的负面影响,“社区意识的丧失,社会信任的下降,在变幻莫测的全球化经济时代,焦虑感不断蔓延。”人们更重视社会资源、社会支持、政治清廉和个人自由度,而非财富。在个人方面,良好的心理精神状态、身体健康、婚姻家庭关系稳定、工作保障等对幸福感的提高有重要影响。

3. 全球总体比以前幸福

这份报告发现,失业带来的不幸福可与生离死别相提并论,而工作稳定和办公室关系,较薪酬和工时更重要。报告指出:发达国家女性较男性幸福,中年人幸福指数在不同年龄阶层得分最低。

总体而言,研究发现,全世界作为一个整体,在过去 30 年幸福程度稍有上升。但值得思考的是,为了追求经济指标,在取得所谓的“进步”的同时,人们也失去了一些本应该珍视的东西。

二、主观幸福感的特点

主观幸福感研究的是个体的主观体验,主要有主观性、稳定性和整体性三个特点。

1. 主观性

尽管人们是从客观事实中获得幸福的，但同样的事件，不同人的感受差别非常大。幸福没有绝对客观的评价标准，每个人对于幸福有自己的内在评价标准，而不遵循他人或外在的准则。研究证明，尽管健康、财富、社会环境等客观条件会对生活满意度产生影响，但这些条件都不是主观幸福感的内在必要的部分。另一方面，主观性还体现在每个人做出评价的结果可能相同，但所依据的评价指标、评价过程、价值定位、预期目标等各方面的衡量都有可能是各不相同的。

2. 稳定性

虽然个体的情境和情感状态有时会影响个体的主观幸福体验，但它具有相对稳定性。主观幸福感是个体对自身整体生活状况的感受与评估，不是短暂的情绪感受，而是长期的情感反应和生活满意度。研究证明，证明了主观幸福感具有跨场景的一致性，个体独特的主观评价和感觉会对生活、工作、家庭等产生影响。

3. 整体性

在情感层面上，主观幸福感是一种综合的情感体验，它不仅指存在一种消极的情感体验，还必须包含积极的情感。人们对幸福感的评价，不是针对单一的领域，而是综合自己的各方面情况来考虑的，是一种对生活状态全面的整体的评价。

三、主观幸福感的评测

（一）主观幸福感的理论

研究者提出了许多关于主观幸福感的理论，本书介绍其中主要的两种。

1. 期望值理论

该理论认为：主观幸福感的产生受人的外部环境影响。对于幸福感，人们有一定的标准，在评价自身状况时用以相对比。这个标准具有一定的主观性与个人性，它就是个人期望值。如果达到个人期望值，个体对幸福感的评价就高；如果实现不了目标，主观幸福感水平就会较低。然而，俗话说“期望越高，失望越大”，太高的期望值并不是好事。有关研究发现，高期望值会对幸福感的获得带来不利的影响。

另外，期望值的内容比期望值的实现可能性更为重要。例如，对财富、名誉这类外部期望，期望值升高会明显降低主观幸福感；而对实现个人发展、成就等内在期望，个体的期望信心更大，个体能感受到更高水平的幸福感。

2. 社会心理影响理论

与个人期望值的水平相比，期望值的内容对主观幸福感的影响更为重要，期望值的内容必然受到社会心理的影响。因此，在对期望值理论的扩展上发展出社会心理影响理论。该理论主要是研究影响主观幸福感的各种社会心理因素，并探讨这些因素与主观幸福评价的关联程度。该理论的研究显示：应激、社会支持度、内外部控制以及社会角色等是影响主观幸福感的社会心理因素。

（二）主观幸福感评测

对主观幸福感的评测主要采用的是人们对自身生活体验的报告，即自陈量表法，个人根据自己的感受体验，在主观幸福感的各个水平维度上进行评分。

1. 生活满意度评估

幸福感的关键指标是生活满意度。生活满意度即个人对整体生活状态进行全面评估，同时也包括对工作、薪酬、社交、婚姻等具体方面满意程度的评估。

《总体生活满意度量表》是常用的生活满意度测量量表，可以用作测量人们对生活总体质量的认知与判断。在此基础上，研究者发展编制出各种生活满意度问卷。

知识链接

总体生活满意度量表

指导语：请使用1～7代表对下面的5个陈述的同意程度（表10-1），并填在每项的括号内。

总体生活满意度同意程度表　　表10-1

1	2	3	4	5	6	7
非常不同意	不同意	有点儿不同意	中性	有点儿同意	同意	非常同意

1. 我的生活基本符合我的理想。（　　）
2. 我的生活状况非常好。（　　）
3. 我对自己的生活感到满意。（　　）
4. 到目前为止，在生活中我都能够得到我希望拥有的重要东西。（　　）
5. 如果我的生命能够重来一次，我不想改变任何东西。（　　）

计分：把括号内的分数相加，与下表（表10-2）进行匹配。

总体生活满意度评分表　　表10-2

5～9	10～14	15～19	20	21～25	26～30	31～35
非常不满意	很不满意	不太满意	中性	基本满意	很满意	非常满意

2. 多维度、多方面评估

随着对主观幸福感的进一步研究，心理学家发现对主观幸福感造成影响的两大方面：环境与心理，并不像预想的那么简单。探索各种因素的交互作用是幸福感研究的趋势。在这基础上，对幸福的评估从情感体验单一维度发展到结合认知观念等多维度，从生活满意度单一方面向结合心理健康、社会文化因素等多方面的评估发展。

知识链接

你的幸福是什么样的？

积极心理学家马丁·塞利格曼将幸福划分为4个维度，快乐、投入、意义、胜利。提出了人们可以达到幸福的4个途径：通过快乐、通过投入、通过意义、通过胜利。

以下是测量这4种可能途径的问卷。

指导语：以下表格(表10-3)中的描述是人们希望达到的目标状态，请从当前生活方式的角度做出最符合你自己状态的选择。

人们希望达到的目标状态项目表 表10-3

项　目	完全符合	非常符合我的状态	比较符合我的状态	有一点符合我的状态	一点不符合
1. 我的生活是为了一个更加高尚的目的。					
2. 人生是短暂的，不应该把享受快乐放在次要地位。					
3. 我总是想要寻找那种能够挑战我能力的环境。					
4. 我会给自己的生活打分。					
5. 无论是在工作还是在玩，我总是深陷其中，甚至觉察不到自我。					
6. 我总是沉浸在自己所做的事情当中。					
7. 我很少被周围发生的改变所影响与干扰。					
8. 我有责任让世界变得更美好。					
9. 我的生活是有着最终意义的。					
10. 不管我正在做什么，输赢对我而言都是很重要的。					
11. 在选择做什么的时候，我总是考虑这件事情是否会让我感到快乐。					
12. 我做的事情对于社会来说很重要。					
13. 我想比别人更成功。					
14. 我同意这句话："人生是短暂的，所以想吃什么就吃什么！"					
15. 我喜欢做那些具备挑战性、刺激性的事情。					
16. 我喜欢竞争。					

计分：

"完全符合"计5分，"非常符合我的状态"计4分，"比较符合我的状态"计3分，"有一点符合我的状态"计2分，"一点不符合"计1分。追求快乐取向的得分是2、11、14、15题的总分；投入取向的得分是3、5、6、7题的总分；追求意义取向的得分是1、8、9、12题的总分；胜利取向的得分是4、10、13、16题的总分。

解释：

4个总分当中得分最高的取向就是你的主导取向。你的分数结构是什么样的？每一个幸福取向上的得分从原则上来讲应该是4～20分。假如你在4个取向中都得到高分(＞15分)，说明你可能追求的是一种完整的生活，而且极有可能对生活高度满意。假如4个取向得分都很低(＜9分)，说明你可能生活比较空虚，很有可能对生活感到不满，你应该考虑在生活中做一些不同的事情。如果你在一个或者两个取向中得分较高，虽然你很有可能对你的生活感到满意，但是你可以寻找更多的机会来追求自己的幸福方式。

专题 10.2 大学生主观幸福感的现状及其影响因素

主观幸福感在大学生的成长发展过程中具有重要的意义,有较强主观幸福感的人看事情比较积极乐观,更有信心发展自身的潜力;而主观幸福感较弱的人,看事情比较消极狭隘,可能缺少动力完善与发展自我。大学生应该更好地了解自我,提高主观幸福感,进一步完善价值观、人生观、世界观,更好地成长和发展。

一、大学生主观幸福感的现状

随着社会生活水平的提高,现在大学生多数又都是独生子女,家长尽量满足子女各方面的需求,在理论上大学生的主观幸福感应该很高,然而现实研究显示却并非如此。有研究显示:大学生的主观幸福感不是很强烈与明显。一些研究表明,大学生的总体生活满意度处于中等水平。男女生的幸福感存在性别差异,女性大学生主观幸福感显著高于男性大学生。但是,总体而言,大学生主观幸福感普遍不高。

二、大学生主观幸福感的影响因素

(一)个体因素

1. 心理发展

大学生处于青春期,心理发展处于不稳定期,在这个阶段个体试图巩固自我心理结构。由于不完全成熟的心理发展、情绪情感的不稳定,大学生容易发生心理冲突,产生适应不良,从而表现出各种类型的心理问题。大学生面临着各种对生活、自我接受、人际关系、异性交往、职业规划、社会适应、社会责任感等具有重大意义的发展事件,需要不断地在学习过程中积累经验,调整与塑造自己的思想和行为,探索自己的成长过程,最终形成一个独立完整的人格系统。大学生的心理问题大多是发展问题,如新的环境适应问题、学习方法问题、自我接纳问题、情绪管理问题、人际关系问题、异性交往问题、性心理问题等。如果处理不当,就会产生消极情绪,对个人的综合状态不满意,甚至出现心理风险。

2. 积极心理品质

如果拥有积极的心理品质,就会用积极的心态来看待自我、他人及环境的各种现象,加强自身的积极因素,激发内在的积极力量,使自身潜能得到最大限度发挥,能享受快乐并体验更多主观幸福感。

3. 人际关系

人际关系是影响情绪情感的重要因素。校园内外良好的人际关系对于学生的主观幸福感可以产生积极影响,当大学生遇到人际交往方面的阻碍时,如与同学好友产生矛盾冲突、受人冷落排斥、难以建立亲密关系等,就会感到心理受挫,体验到强烈的消极情绪。对主观幸福感的相关研究显示:人际关系对积极情感的影响比其他因素都要重要,与他人的积极关系是预测主观幸福感的因素之一。

4. 心理应对机制

当个体面对具有一定威胁性的刺激情况时，会采取各种心理行为策略，消除或缓解紧张，解决问题，这种适应性反应即心理应对机制。每个人对所遇到的事件、场景的应对方式可能有所不同，这涉及个体的认知评估、人格因素、心理品质等。大学生在面对一系列的生活事件时，如果采取的是积极、乐观、正面的应对方式，有助于提高应对和适应能力，促使身心成长、发展，增加积极情感和对生活的满意度，增加幸福体验；假如采取了消极、悲观的应对方式，可能不利于事情的处理与解决，会体验到抑郁、焦虑、痛苦等负性情绪，降低幸福感。

积极应对怯场

一个学生干部跟老师闲聊时，提到自己以前很害怕当众表现，例如面试、课堂展示、表演等等。他说：“在上场前，甚至一想到这种情景，我还会有要呕吐的感觉，越想控制感觉越厉害，总是担心自己会出丑。”老师知道这名学生作为干部，需要“上场”的机会还是很多的。老师问他：“你现在还有这样的感觉吗？”他说：“基本没有了。”

“你是怎么做到的呢？”老师想知道他采用了什么策略来减缓这种怯场感。

“有一次，上台演讲前，一位熟知我情况的师兄跟我说，放心吧，你不会吐的，吐出来了我上去救场。虽然当时我还是很紧张，很不舒服，但想到就算真的呕吐、出了丑，师兄会来帮我，心里觉得安稳了些。后来，我开始觉得也许真的在台上呕吐出来也不一定是最糟糕的，有适当的救场就行了。所以，我开展了‘自救’练习，自己想了些救场的方法，以便在场上表现不好，紧张甚至真的呕吐时，可以做些什么令场面不那么难看。有的方法真的用上了，好像效果还不错。”他笑了笑，“结果应付呕吐的方法一次也没用上。但是那种上场前的紧张感开始慢慢减少了，感觉自己应对场面的能力也提高了。”

（二）环境因素

1. 学校教育原因

长期以来，我国实施的应试教育给个体发展造成一定的制约和负面影响。个体身心发展的一些问题没能在中学期间很好地解决，心理素质的发展水平滞后，无形中已成为大学生成长的负担。其外在表现为认知偏差、情绪不稳定、自我管理能力差、人际交往能力差、意志力薄弱、挫折承受力低等。

一些大学生在入学时，由于对大学生活不适宜、学习压力过大、人际关系不畅、自我发展混乱等因素，面临更大的心理压力。也有一些大学生认为，进入大学意味着从艰苦的学习苦熬中“解放”出来，可以卸下“包袱”，对学业产生懈怠。同时，没有确立明确的奋斗目标，导致出现放弃学习、缺乏动力、无意义感等不良情况。

2. 家庭原因

我国正处于发展阶段，国民的素质有待提高，多数家庭中父母自身的素质偏低，这就导致多数家庭在教育子女的问题上存在着形形色色的问题。心理学研究证明：家庭环境会对人们的生活产生很大影响，特别是童年的成长经历，对早期形成的人格结构的影响是非常深远的。家庭环境包括父母的教育方式、父母的人格特征、家庭人际关系等，个人积极心理素质的形成往往可以看出其家庭环境的影响。

3. 社会原因

目前，我国正处在社会转型期，社会发生了巨大改变。人们的生活方式和价值观念都发生了重大变化，群体的心理活动较之以前更复杂、更激烈。而随着我国国际地位的提高以及融入国际主流社会步伐的加快，东西方文化发生着从未有过的碰撞与冲突。面对社会群体复杂的活动变化，多种文化背景和多种价值取向的混杂，大学生常常感到茫然、疑虑、混乱，有可能陷入空虚、混乱、压抑、紧张的状态。

在选择人生道路时，大学生首先要面对现代社会环境中激烈的就业氛围，相当多的大学生对就业前景和职业发展充满焦虑。其次，社会、家庭对大学生的过高期望与大学生应聘求职的实际结果之间有一定的落差，一部分大学生因此产生消极情绪和矛盾心理。

知识链接

关于幸福的研究——格兰特研究

格兰特研究是一项著名的精神心理健康研究，它是同类型研究中持续时间最长，同时也是最全面的。1938年，研究者们展开了该项目，至今花费超过2000万美元，整理了几万页调查报告。研究追踪了2组人员，一组是268名哈佛大二学生，一组是456名波士顿贫民窟男孩。研究人员不间断追踪记录他们的健康状况、家庭氛围、职业起伏、婚姻状况、为人父母以及祖父母的生活，乃至如何度过老年。该研究试图解释“什么样的人，最可能成为人生赢家”。

格兰特研究给了我们什么启示？它让人们思考“如何追求更幸福、更具意义的人生”，所以有人也称其为“如何获得幸福的研究”。主持这项研究30多年的心理学者乔治·范伦特(George Vaillant)说：“温暖亲密的关系是美好生活的最重要开场。”

他给出了关于追求幸福的5条公式。

1. 幸福＝爱＋找到能够应对现实生活、不会把爱推开的方式

爱才是真正重要的。生活中唯一重要的是情感联系。一个人可以有成功的事业，有很多钱并且身体健康，但如果没有能给予他支持、充满爱的情感联系，他不会感到幸福。

2. 幸福＝不需要追求更多的财富和权力

金钱和权力不是影响幸福的唯一。研究发现：一个人接近80岁时，对生活的满意度和他出身的社会阶层、收入都不会再有必然联系。说到终身成就，唯一重要的就是对自己的工作感到满意。

3. 幸福＝无论我们的人生如何开始，都有可能获得幸福

格兰特研究中有一位叫戈弗雷的参加者，当时他的处境并不好，看上去前景很黯淡。但在年老即将到达人生终点时，他却是最幸福的一个。为什么？范伦特认为：“因为爱是他终生的追寻。”

4. 快乐＝联系

联系非常重要。与他人的联系，特别是牢固的情感联系是预测人生满意度的最重要元素。

职业满意度也一样,感到工作与自己息息相关,远比在工作中获取财富或者获取通俗的“成功”更重要。

5. 快乐 = 心理应对机制 + 创造性的表达

挑战以及在挑战中感受到的希望能使人快乐。心理应对机制,范伦特称之为“从尘土中炼金的能力”,对我们的社会支持和身心健康有重要的影响。秘密就在于,用成熟的心理防御机制替代自我中心,不再一门心思沉溺于自己的情绪波动和觉察到的问题。特蕾莎修女和贝多芬就是非常好的例子。“特蕾莎修女有一个非常悲惨的童年,但她通过照顾他人,拥有了成功的人生。”范伦特说,“贝多芬则是借助艺术对抗病痛,他在谱写《欢乐颂》时与音乐建立了密切的联系。”

专题 10.3　大学生主观幸福感的提升

一、提升主观幸福感的意义与价值

(一)人生的追求

追求幸福是人生的重要意义,是人生的终极向往。人生的旅途其实就是一条寻找满足自我需求、实现自我成就、挖掘自我潜能的道路。自我发展得越好,人生就越完满,所体会到的幸福感就会越强烈。

(二)心理健康的体现

主观幸福感与心理健康两者之间关系密切。随着积极心理研究的发展,主观幸福感逐渐成为心理健康状况的重要指标。除了心理状态良好、没有心理精神疾病外,还能从积极的情绪体验、自我投入、成就的取得、意义的获取等找寻到满意感。主观幸福感能很好地体现个体心理的健康状态。

(三)开发心理潜能

个体良好的心理素质对各方面的影响与发展都有着非常重要的作用。在提升主观幸福感的过程中,可以培养积极情绪,提高心理耐受力,养成积极乐观的心态等积极品质,最大限度地开发个体自身潜能。

二、提升大学生主观幸福感的途径

(一)融入教育层面的培养

1. 营造和谐积极的校园气氛

良好的环境气氛能使个体感受到更多的积极情绪,产生满足感。融洽的人际环境、良好的班风校风、优质的教育环境、丰富的校园文化活动对大学生的成长、心理品质的培养起到重要的作用。积极向上的校园氛围一方面增加学生的积极体验,另一方面通过融入环境中的教育元素激发学生内在的积极力量和优秀品质。

2. 开展多元化心理教育

心理教育在当今教育中的重要性日益突显,良好的心理素质与主观幸福感的获得相辅相成。除了相关心理教育课程的开设、心理知识的宣传与活动的开展等,高校可以实施协同教育,将心理知识、积极心理的理念融入各学科、各种日常教育中;把握网络信息技术发展迅猛的时代特征,利用内容丰富、形式多样的网络资源,将心理教育融入大学生学习、生活和娱乐中,更好地培养学生的积极心理观念。

(二)个体自我层面的培养

1. 形成积极正向的人生态度

如果持有积极的人生态度,个体也能心胸开阔,保持乐观的态度。大学生应当运用积极的方式面对阻碍,主动提高自己对心理冲突和挫折的耐受能力,防止心理障碍问题的发生,有利于心理健康,提高生活满意度,增加幸福的体验。

心理训练

你想要体验什么

请执行以下每个步骤并遵守指导语,不要着急,认真体验。

1. 确定你希望明天发生的三件好事情。
2. 思考在接下来的日子里你不希望发生的一件事情。
3. 把你不希望发生的事情想象成一个圈,它正在变得越来越小。
4. 在你希望明天发生的三件好事情中,想象最不重要的一件变得越来越小。
5. 想象你不希望发生的那个小圆变得越来越小,以至于你几乎看不见它。
6. 放开你不希望发生的事情,跟它说再见。
7. 在你希望明天发生的两件好事情中,想象最不重要的一件变得越来越小。
8. 把你的思想集中在明天最重要的那件事情上。
9. 在你脑海中看到这件好事情正在发生。
10. 练习让这件好事情发生在你的头脑中。
11. 当你明天醒来时,关注正在发生的好事。
12. 在白天对自己重复:“我让这件事情成为可能。”
13. 重复这个句子:“我选择如何集中我的思想。”

通过关注希望发生的事情,你能更好地掌控自己的日常活动,而不是被动回应。如果你的心理能量花在避免一些不想要的结果上,会造成人们对他人和事物的过度反应。另一方面,集中在我们希望发生的事情上会帮助我们远离消极负面事件。

2. 确定合适的奋斗目标

“世界上没有十全十美的人”,我们应该客观认识到,每个人的能力都有一定限度,都具有优势和劣势。过分苛求自己非但不利于能力的发展,还可能让自己陷于心理压力,导致心理问题。

首先,大学生应该对自己的能力做出客观的评价,积极从事实践活动并力争成功,充分了解自己的能力及其特点,确定合适的奋斗目标。在获得成功的过程中,满足个人需求、获取价值感、提升自信心、锻炼能力。

其次,在确立目标与达成的过程中,个体应调整适度期望值。期望过高使自己总是处于失败折磨之中,不仅有损自尊,还可能因为严重的情绪冲突而有碍于身心健康;期望过低,就会泯灭自己的斗志。

3. 积极应对冲突与挫折

(1)培养自我心理调节能力

生活中,人们难免会遇到不良刺激而出现情绪反应,继而影响心理功能。学会情绪的自我调控,以适当的方式宣泄不良情绪,有助于降低负性情绪体验的消极影响。可以采用多种调节方法,例如,自我提醒与增强意识、转移注意力、置换思考问题的角度、学习解决问题的途径等。

(2)采取积极的策略应对冲突与挫折

心理冲突与挫折在生活中是客观存在的,大学生应该对此有正确的认识,采用积极的适应策略,避免采用消极的适应策略。不要采取规避策略来产生消极的情绪,而应通过理性思维的过程,来获取心理平衡,解决心理矛盾冲突。做好挫折心理准备,理智地对待自己的各种需求,面对困难时积极寻求解决办法,吸取教训,提高挫折耐受力。

4. 建立积极的人际关系

健康的人际关系是构建良好社会支持系统的基础。通过积极的社会活动和良好的人际交往,可以使人增进理解,开阔眼界与心胸,还能扩大人际圈子获得更多的社会支持;通过人际交往,个体可以从中感受到充足的信任、激励和社会安全感,从而增强生活、学习和工作的信心和力量。大学生应当与他人进行积极有效的沟通,学会解决冲突,达成相互谅解,同时培养良好的人际相处品质,如宽容理解、诚信平等、心理换位等。

5. 发展良好的兴趣爱好

在生活中,培养和发展自己的爱好,可以使一个人在孤独、无聊和抑郁时,通过自我娱乐来防止或减少负面情绪的体验,身心得到有益的调整和放松。如果能积极开展自我娱乐活动,就可以振作起来,抛开烦恼,保持愉快的心情。因此,每个大学生在大学阶段都应该依靠自己的个性特点,注重培养和发展一些积极的业余兴趣爱好,学会自娱自乐。

知识链接

幸福生活的10条建议

1. 认识到持久的幸福并非来自成功

人们会适应环境的改变,甚至包括财富或残疾。因此,财富就像健康,绝对没有会很悲惨,但是有了它(或者其他我们渴望的任何东西),并不一定能保证会幸福。

2. 控制好时间

体验到幸福的人常常能掌控自己的时间,或者感到能掌控自己的生活。能良好地控制时间,能帮助个人设定目标并将目标分解成每天的小目标。虽然我们常常高估自己在一天能做多少事,但我们一般会低估自己在一年内能完成多少事情,因为每天都能够取得一点进步。

3. 快乐行动

我们有时能通过行动让自己进入某种心境。做出微笑的表情,你会感觉更好;当你愁容满面时,世界就会很灰暗。所以,记得让脸上有笑容。说话时感觉到你是自尊的、乐观的、外向而友好的,这些行为能引发相应的情绪。

4. 从事能够发挥你技能的工作和休闲活动

幸福的人经常处于一种"流畅感"的状态,愿意投身于既让他们感到有挑战性又不会让他们感到挫败的任务中。最昂贵的休闲的形式(比如坐在游艇上)通常比园艺、社交或手工所带来的流畅感体验更少。

5. 参加真正的"运动"——有氧运动

大量研究表明,有氧锻炼不但能促进健康,带来活力,也能消除轻微的抑郁和焦虑。好精神寓于好体貌。

6. 充足的睡眠

幸福的人过着活跃而精力充沛的生活,但是他们还是留出时间来补充睡眠和独处。许多人深受睡眠缺乏的困扰,这会导致疲惫乏力、注意力下降、心境低落。

7. 重视亲密关系

与那些非常在乎你的人保持亲密的友谊能帮助你度过困境。信任有益于身心。一定要精心呵护你的亲密关系,不要认为他们对你好是理所应当的,在他们面前也要像你对他人那样友善、肯定他们,与他们一起玩耍,一起分享。如果要恢复你们之间的感情,就要下定决心以爱的方式去行事。

8. 不要只关注自我,帮助那些需要帮助的人

幸福会增加助人行为(那些感觉良好的人会多做好事),做好事也会让个体感觉良好。

9. 心存感激

那些每天对生活中的积极方面(他们的健康、朋友、家庭、自由、教育、理智、自然环境等)表达感激的人会体验到更高的幸福感。

10. 培养精神自我

对许多人来说,精神追求提供了一种不再只关注自我的理由,一种目标感和希望感,遇到危机时能更好地面对。

《真实的幸福》

《真实的幸福》一书是由"积极心理学之父"马丁·塞利格曼编写的。在这本书中,塞利格曼以一种通俗的方式告诉人们三个主要问题:为什么人们想要找到幸福?什么是真正的幸福?如何变得更幸福?

塞利格曼认为真正的幸福来自于对自己力量的辨别和运用,来源于对生活意义的理解和追求,它是可以控制的。

"美好的生活来自每天利用你的突出优势,加上利用这些优势来增加知识、力量和美

德。这样的生活一定是孕育着意义的生活，如果神是生命的终点，那么这种生活必定是神圣的。”

获得幸福感没有捷径，如果你想变得更幸福一些，不妨照着塞利格曼博士的建议来试试：改变以往对事物消极的看法，重视当下的积极体验，关注对未来的积极期望，找出自己的优势和生活的意义，不断地发现自己、创造自己。

◆◆专题 11　提升心理韧性◆◆

吴京是怎样炼成的？

要说 2019 年开年最火的电影，非《流浪地球》莫属，上映 26 天后累计票房破 45 亿，这是仅次于华语影史票房冠军《战狼 2》(56.8 亿票房)的一部国产电影。一时之间，作为演员和导演的吴京成为最大受益者。仅凭《流浪地球》和《战狼 2》两部电影就能达成累计票房破 100 亿的壮举，打破了华语影史的多项纪录，好口碑更是呈井喷式增长。这样的吴京是怎么炼成的？

吴京先是凭着自导自演的《战狼》系列打造了国产军事题材电影的标杆，然后又以主演的《流浪地球》塑造了国产科幻片的里程碑，创造了属于吴京的时代。然而，别看他现在这么火，在大红大紫以前，他可没少受委屈。

武术世家出身的吴京，可谓是天之骄子，8 岁就拿到了全国武术冠军的荣誉，顺风顺水，势不可挡。然而，14 岁的一次瘫痪让这一切化为虚无，连上厕所都要父母帮忙，翻个身更要用上全部力气。在医生的帮助下，本以为余生只能坐轮椅的吴京开始尝试走路。第一步，忍受着锥心的疼痛，第二步，努力了足足半个小时。人生的这两步，决定了吴京的命运。这次经历让吴京懂得：如果可以重新走路，可以被迫地重新开始，那么，人生还有什么做不到的？在忍受了“你想象不到那种痛是什么痛”的艰难康复后，他好不容易回到武术队，17 岁那年的一次比赛，又让他的右腿被打断。因为伤病，全身几乎缝了 100 针。吴京也曾陷入一种完全不知道该干什么的状态，幸运的是，他在亲人和朋友的帮忙下走出了低潮。

了解了吴京的这些经历后，便很容易理解他在拍摄《战狼 2》时，由于投资方不看好这个题材类型，作为导演的他，为了完成这部作品，选择变卖自己的房产；在拍摄《流浪地球》时，他除了零片酬演出外，还在剧组遭遇原投资方撤资的情况时，救了 6000 万的急，这更显出吴京的可贵。也正是这两部影片，使吴京成了华语电影史上的一种“现象级”存在。

吴京能够从低潮中迅速走出，重新出发并获得巨大成功与他强大的心理韧性是密不可分的。如果你也想活得精彩，就必须像吴京一样成为一位强大心理韧性者。

专题 11.1　心理韧性概述

一、什么是心理韧性

韧性,英文为 Resilience,原本是物理学概念指物体受到外力挤压时回弹。引申为面对严重威胁时,个体的适应与发展仍然良好的现象。心理韧性理论的研究不是沿着理论到实证的路线展开的,而是研究者首先发现了现实中的现象,然后从现象入手展开相关理论和实证研究。因此,研究者切入心理韧性问题的角度不同,他们对心理韧性的理解也就不同。在大多数实证研究中,研究者一般把心理韧性看作是个体跨情境的一种稳定的心理品质,但近几年许多学者倾向于将心理韧性看作是一个动态的过程。

美国心理学会把心理韧性定义为个人面对生活逆境、创伤、悲剧、威胁或其他生活重大压力时的良好适应,它意味着面对生活压力和挫折的"反弹能力"。心理学界比较倾向于将心理韧性界定为:心理发展未受到严重压力或逆境损害性影响的一种发展现象。

二、提升心理韧性的意义

20 世纪 70 年代,一批心理学家和精神病学家开始关注处境不利儿童群体内部的发展结果的变异性问题,从而开始了有关心理韧性的研究。他们声称:对逆境中发展良好的儿童进行研究有利于精神病理学中的病因学理论的发展,并且能帮助我们对处境不利儿童进行必要的干预。

近年来,大学生因不堪压力走向颓废甚至轻生的事例逐渐增多,引发了人们对大学生这一特殊群体心理问题的关注和思考。大学生正处于从青少年向成年人转变的特殊时期,由于环境的改变、心理的不适应,个体在认知、情感上都发生着很大的变化,要面对学习、生活、就业等各种压力、挫折或创伤。他们普遍自我评价高,期望值高。但由于理想色彩浓,社会经历浅,大学生心理自我调控能力相对较弱,面对自身和复杂的社会问题时,容易表现出强烈的心理冲突和压力。

心理韧性作为人类的一个积极力量与优良品质,近年来成为学术界研究的热点。大学生在校期间是树立人生观的关键时期,教育工作者在长期的高等教育实践中,应当积极思考,不断探索提高学生心理韧性的方法和途径,重视学生心理结构的调整,培养完整的人格,形成健康的心态,使其在今后的工作岗位上能够自如地应对各种压力。

三、大学生提升心理韧性的策略

大学教育中融入心理韧性的培养,克服各种心理问题,适应复杂的社会环境,培养既有专业知识和专业技能,又具备健康的心理适应能力的社会主义建设的专业人才,是我国当代大学教育的新趋势。

(一)发挥自身优势,强化心理承受力

心理韧性的培养首先要发现和扩大自身的优势,在成就感的驱动下强化和扩张自身对挫

折的承受能力。同学们通过参加各类文体活动,充分利用这些平台挖掘自己的优点,使自身在新的环境中不断强化和扩张优势,弥补缺点,培养挫折的承受能力。

(二)学习心理知识,优化心理品质

课堂教学是心理健康知识宣传的主渠道,也是优化大学生心理品质的重要途径。通过参加心理健康课堂教学及各类心理健康专题讲座、毕业生回校讲演、新老生生活学习经验交流会等活动,同学们可以广泛学习心理保健知识,提高自身心理素质。

(三)参与韧性训练,提高心理韧性

心理韧性的培养,平时应注重有意识地参与韧性干预训练,这样有助于我们培养健康的心理韧性。参加军训、长跑、拉练等训练活动,可以提高同学们的心理承受能力,增强心理韧性。

专题11.2　压力管理

一、压力概述

(一)什么是压力

心理学认为,压力是一种内部的精神紧张状态,也被称为精神压力,是指个体在环境中受到各种刺激的影响而产生的紧张情绪,同时为应付各种刺激,个体生理和心理上的应激反应。压力的主要特征是不可控性,同时带有明显的主观性,当个体对未来发生什么不确定或控制感很小时,心理上会有压力。事实上,压力产生的过程是一个动态的过程,不存在一种绝对压力。压力大小是个体与环境多次相互作用的产物。

(二)大学生常见的压力

日趋激烈的竞争环境下,大学生面临越来越多的困难和挑战,从而导致大学生的心理压力过大。

1. 生活压力

(1)舍友的影响:舍友的习惯、作息、性格、价值观念和生活态度等方面,不论好与坏,都得忍耐。

(2)生活方式产生的压力:生活习惯和方式是否符合自己的生活节奏、能否有效地处理生活事件,以及需要平衡好自由和责任、需要计划个人开支以免超支。

(3)人际关系产生的压力:能否和其他人保持和谐的人际交往,不能和自己喜欢的每一个人成为朋友,需要为维持一段亲密的关系付出时间和精力。

(4)同伴群体和同伴压力:群体的行为与个人价值观产生分歧。

2. 学习压力

(1)对所学专业没兴趣,但不得不完成,避免学业成绩不佳。

(2)面对大学生活中的挑战无所适从。

(3)想要实现的梦想和现实情况存在冲突,专业的就业前景渺茫等。

3. 交往压力

(1)与人交往中产生的自卑感,担心别人看不起自己。

(2)强烈的自尊渴望和脆弱的情绪影响。

4. 情感压力

(1)生理成熟与学业以及异性之间的关系处理不当。

(2)性与恋爱问题处理不当。

5. 就业压力

(1)随着高校逐年扩招,大学生面临的就业压力也逐步增大。人才需求市场的饱和、大学生择业种类和择业地域过于集中,也是造成这种压力的原因。

(2)家庭背景的差异在一定程度上造成学生就业差异,形成就业机遇的差异。

二、压力反应

(一)生理反应

头痛的频率与强度会增加,若非生理因素引起,则可能是压力反应;肌肉紧绷,通常发生在头部、颈部、肩膀与背部;皮肤过于干燥,出现斑点甚至是过敏反应;消化系统出现问题,如胃溃疡。

(二)情绪反应

容易生气、缺乏耐心;热情减退、意志消沉;当外在要求超过自己的能力时,容易产生失控感,对自己失去信心;有太多要求加之于己,却又会感到心力枯竭。有时会因太多事情萦绕心头,难以保持专注度;即便是日常琐事,也常常会犹豫不决;记忆力可能出现减退;对自己以及所处的环境多采取负面思考。

(三)心理反应

压力引起的心理反应有警觉、注意力集中、思维敏捷、情绪的适度唤起,这是适度的反应,有助于个体应付环境。但过度的心理反应,如过分烦躁、焦虑、激动不安、闷闷不乐、愤怒、沮丧、失望、消沉、健忘等,会使人自我评价降低,自信心减弱,表现出消极被动,无所适从。

(四)行为反应

压力状态下的行为反应可分为直接反应和间接反应。直接行为反应是直接面临紧张刺激时做出的反应。例如,睡眠质量下降,甚至失眠;从人际关系中退缩;较难放松、坐不住等。间接行为反应是为了减少或暂时消除与压力相关的苦恼而做出的反应,如借助喝酒、抽烟、吃东西来缓解紧张状态,并且容易发展为上瘾行为;可能还会因产生这类变化而引发忧虑情绪。

三、压力对个体的影响

压力对个体的影响会根据每个人承受压力的能力而有所不同,适度的压力有助于个人的表现与成长,压力太大、持续时间过长则对个人的健康与表现不利。就如同施加在弹簧上的重物,当重物在弹簧承受范围内并及时移走,弹簧能高高弹起并恢复原来的弹性;但如果重物超过弹簧的承受范围,或长期置于弹簧上,就会对弹簧产生破坏性作用,弹簧不仅不能弹起来甚至会失去弹性。也就是说,压力对个体的影响包括积极影响和消极影响两个方面。

(一)积极影响

在正性压力状态下,大脑皮层唤醒水平提高,产生积极的情绪反应,集中注意,积极思维,根据现实调整需要与动机,对传入信息进行正确评价,发挥应对能力,此时人的大脑的活跃程度可达到良好状态,可以高效地处理好各种工作和事件。例如,高考中的超常发挥,在高考时,考生面临巨大的压力,面对以前不会的题能够很好地答出,完成速度也比平时快,这也就是我们所说的压力催化出人的潜力。

(二)消极影响

在压力状态下,身体会产生一些非特异性反应,促使自身能更好地应对压力,但过度的、超出了忍受临界点的高压,则会导致人体疲劳,免疫系统无法正常工作以及体内器官产生不良反应。同时,压力对人的情绪也有不良的影响,导致人产生急躁易怒、苦恼、烦躁、抑郁等不良情绪,而不良情绪会使机体产生应激反应,影响人的正常工作和生活,甚至会影响心理健康,导致悲观厌世,自我封闭。

四、积极应对压力

在现代社会,每个人都不可避免地要承受很多压力。面对压力事件或压力情境,有人积极地去解决问题和困难,有人则消极逃避,从而最终导致个体所受影响的程度不同。

(一)体会生活的意义

心理学家弗兰克认为,一个人生活的基本要义在于了解并坚守生活中的责任,能够对自己和他人负责的生活,就是有意义的生活;一个人即使在毫无压力下生活,也不会感到满足。人们唯有在面对问题和解决问题的责任中,才会感到满足与充实,生活才有意义。

(二)疏导不良情绪

我们可以通过以下方式来疏导不良情绪:学会规划环境使之适合个人心境,衣着整洁,增加自信;寻求适当的发泄方式,或找人倾诉烦恼;寻求必要的帮助,利用各种社会支持系统,如家人、老师、同学和朋友;注意适当的休息与放松,参加体育锻炼。

(三)掌握身心放松的方法

安排适当的放松及娱乐时间,使用生物回馈训练,即通过感触的方法来控制自己的血压、呼吸、心率,甚至皮肤温度,还可以采用逐步放松法,如禅定、自我催眠术、瑜伽术、按摩等。

压力并不可怕,只要从今日起准备好面对它、应付它,压力就可能变成动力。当压力解除时,带给人们的将是成长的喜悦,它将使人们的精神生活更加充实与美好。

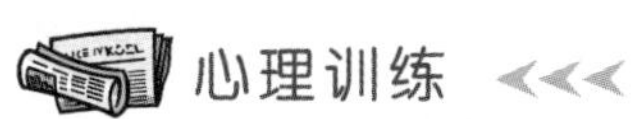

心理训练

一杯水的重量

游戏目的:使人们学会管理压力,在适当的时候放松一下自己,才能更好地面对压力。

游戏准备:

人数:不限。

时间:5~10分钟。

场地:宽敞的会议室。

材料:纸杯和水。

游戏步骤:

1. 主持人举起一杯水,问大家:“各位认为这杯水有多重?”

2. 大家的回答可能各种各样。

3. 这时主持人继续说:“这杯水的重量并不重要,重要的是你能举多久。”

相关讨论:

从游戏中你体会到了什么?

如何理解“舍得”的含义?

一味地执着必然能得到理想结果吗?

【游戏心理分析】

在这个游戏中,这杯水的重量是不变的,但你举得越久,就越觉得沉重。这就像是日常生活与工作中我们承担的压力,如果一直把压力放在身上,到最后就会觉得压力越来越重,难以承担。我们必须做的就是放下这杯水,休息一下,然后再举起水杯,这样才可以举得更久。对待压力,也是同样的道理。

专题 11.3 正面应对挫折

一、什么是挫折

《辞海》将挫折解释为失败、失利。心理学认为挫折是一种情绪状态,是指在人们为了实现某种目标而采取的行动过程中,遭遇到无法逾越或自认为无法克服的困难阻碍时,所产生的一种紧张的情绪反应和情绪体验。

挫折和成功一样,是一个人成长与发展不可缺少的;每个人都享受过成功的喜悦,也都品尝过失败的沮丧。大学生不仅要有迎接成功的准备,也要有面对挫折的勇气。能够客观、理性地面对挫折,并且采取积极的方式应对和化解挫折,这是大学生提高心理韧性的重要方式,也是维护大学生积极心理品质的重要保证。

二、引发挫折的主要因素

(一)内部因素

内部因素主要是指个体自身的生理和心理特征,如容貌、身份、体质、知识、能力、性格等方面的身心局限。这些限制往往阻碍了大学生追求目标,比如,因口吃而无法实现从事演讲,因知识欠缺而不能在考试中取得满意的成绩等。

(二)外部因素

引发挫折的外部因素包括了自然环境和社会环境两大类因素。自然环境因素是指无法克服的自然条件的限制,如自然灾害以及由于自然力量强大而导致人类难有作为的生老病死、环境恶化等。社会环境因素则是指个体在社会生活中所处的政治、经济、道德、风俗、习惯和人际关系等条件的限制。

三、挫折对个体的意义

(一)挫折对强者的积极作用

1. 挫折能提高个体的认识水平

强者面对挫折和失败,不是手足无措、被动等待,而是积极总结经验,反思自己的认识过程,找出不足,及时采取补救措施。知不足而后学,学好后再去用。如此反复,有助于个体知识结构的合理化。

2. 挫折能增强个体的承受力

一个人历经艰辛,遇到的挫折比较多,那么他对挫折的耐受力也随之增高,一次次挫折及其应对措施,可以提高其应对挫折的心理韧性。

3. 挫折能激发个体的身心力量

为了摆脱挫折,人们常常被驱使去为实现目标而做出更大的努力。挫折是一种内驱力,生活中的强者往往因挫折而激发出强大的身心力量。虽身处逆境,却百折不挠,投入更多的时间和更大的精力,发奋努力,终于实现自己的愿望。

知识链接

逆境商决定成败

为什么有的人无论道路如何艰难崎岖,仍能奋斗不息,而另外一些人则会被所遭遇到的小小挫折而折断了梦想的翅膀呢?为什么在相同的智力、资本和机遇的条件下,有的人能够克服困难,把握机会,获得成功,而有的人却一无所成?是天生的禀赋造就的,还是后天环境所致呢?其实这与个人的逆境商关系密切,什么是逆境商呢?逆境商又称挫折商,即人们应付逆境的能力(Adversity Quotient,AQ)。最近,心理学家已经得出结论:智商(IQ)绝不是制胜的最重要因素,情绪控制(EQ)和逆境的应付(AQ)才是起决定性作用的因素。伦斯勒理工学院所做的一项研究指出:创业家的AQ和收入有显著的关系,AQ高的人可以获取更多的报酬。SBC电信公司提供的销售数据也显示,其AQ高的员工比AQ低的员工的销售额平均高出141%。

(二)挫折对弱者的消极作用

与强者不同,面对挫折,弱者表现为悲观失望,畏缩后退,冷漠无情,焦虑,甚至采取攻击、压抑、倒退、轻生等方式来自我解脱,以达到心理上的平衡。这些消极方式的运用不利于问题的解决,反而会造成个体动机、认识和情感上的障碍。

1. 减弱个体的成就动机水平

在挫折面前,弱者受消极情绪影响,往往从主观上过高估计各种困难,过低估计自己的能力。对挫折不是积极尝试,探索其摆脱的方法,而是手足无措、无所适从、“习得性无助”,从而降低个体的抱负水平。一个屡受挫折的人,很难客观地评价自身的能力和水平,长此以往会变得保守、封闭、自卑、丧失自信,减弱成就动机水平。

2. 降低个体的创造性思维活动水平

现代生理心理学研究表明:在不良的情绪状态下,大脑能释放一种有害的物质,使人的身心疲劳,从而影响个体对问题的思维过程,不利于问题的解决;在不良的情绪状态下,会引起主体心理状态的改变,从而影响思维的敏捷性。

挫折使弱者产生的是紧张、焦虑、失望等消极情绪,它会使神经系统,特别是大脑功能处于紊乱、失调的状态,无法进行创造性思维活动。严重的挫折甚至会导致弱者精神崩溃,大脑神经细胞被破坏而呆若木鸡。

四、提高挫折承受力的策略

挫折承受力是指个体遭受挫折后,能够适应、抵抗和应对挫折的能力。大学生可以从以下几个方面来提高挫折承受力。

(一)正确认识挫折

1. 挫折是普遍存在的

人生在世,随时随地都可能遇到挫折,常见的人生形态都是在目标达成之前经历一些挫折。一帆风顺是相对而言的,不是这种不幸,就是那种厄运,没有大坎坷,也有小麻烦。人们对挫折应当有科学的认识和正确的反应。

2. 挫折具有二重性

挫折既有消极的一面,也有积极的一面。“塞翁失马,焉知非福”,中国的传统文化中早有体现这种应对挫折的智慧。挫折既给人以打击,带来损失和痛苦,影响人的身心健康,也能让人从中得到锻炼,使人奋起、成熟。

(二)提升挫折承受力

1. 有意识地创设挫折情境

在生活中遇到挫折或逆境时,不要害怕,不要退缩,要把它作为磨砺自己意志、锻炼坚韧不拔精神的激励机制,培养自己良好的意志品质,提高挫折承受力。在日常生活中,可以让自己经受一些磨难,或者“自找苦吃、自寻麻烦”,对自己进行意志力和耐受力的训练,增强抗挫折能力,但要注意程度的适宜和适当。

2. 提前做好准备应对挫折

挫折既然是不可避免的,我们就应该做好随时应对挫折的心理准备。大学生在憧憬未来时,应尽量考虑到各种可能出现的困难,做好和困难搏斗的思想准备。如果后来没有遇到困难,就会感到意外得轻松;即使真的遇上了困难,由于之前早就有了心理准备,因而并不感到有很大的压力和挫折感。

3. 寻找自己积极美好的一面

挫折可以使人沉沦,也可以使人猛醒和奋起,关键在于受到挫折的时候是否能从中吸取经验,发现自身的优点和长处,从而振作精神,重新站起来。例如,认真挖掘自己的优点,然后逐点记录下来,意味着对自己能力的肯定,从而知道自己并不差,产生积极体验,逆境便也可向顺境转化。

4. 建立和谐的人际关系

想要增强挫折承受力,离不开和谐的人际关系。挫折实际上是不可避免的,因此,每一个正常的人,总要有几个思想上、学习上或生活上志同道合的朋友,经常从他们那里获得鼓励、信任、支持和安慰等,能被所在的集体所容纳和认同,避免因遭遇挫折而导致心理紧张,即使出现挫折感,也能较快消除。

(三)强化自我调节能力

自我心理调节是个体在遇到挫折后自觉地对自己的心理和行为反应进行控制和调节的过程。自我心理调节是一种积极的调控活动,它能在挫折产生后积极主动地化解挫折对心理产生的不良影响。

1. 正确运用心理防御机制

心理防御机制有积极和消极之分,应多运用积极的心理防御机制来化解内心冲突,应对挫折。例如,在比赛中失败了,可以用"胜败乃兵家常事"来安慰自己,从而使自己不至于太难过。表11-1列出了在应对挫折时个体常常采用的几种心理防御机制。

应对挫折时的个体常用的积极的心理防御机制 表11-1

类　别	具体说明
升华	个体在现实或意想中的挫折面前,将与之相应的动机、欲望和心理能量转向较高境界的目标,取得以正当方式、受社会褒奖的精神或物质成果。这样,受挫情绪得以宣泄,而且得到赞誉及个人的进步与成功。个体对心理危机的升华,既是对危机的超越,又是对机遇的把握
补偿	当事人在受到某一方面的挫折或认为必定会遭受挫折之后,转而将心理活动的目标转向其他方面,以弥补因失败而导致的自尊心、自信心的丧失的一种心理防卫机制。补什么、怎么补的问题很重要,而且心理挫折并不因补偿而消失,可能还会在先前受挫的类似问题面前再度出现麻烦
认同	指一个人在受到挫折后,效仿他人获得经验和方法,使自己的思想、目标和言行更适应环境的要求;或者是将自己与所崇拜的人视为一体,以提高自己的信心、声望和地位,从而减轻挫折感
文饰	为了减少和免除挫折造成的难堪和痛苦,维护自己的面子,而寻找种种理由和借口为自己文过饰非的现象,类似"阿Q精神"。这是人们最习惯采用的心理防卫机制
压抑	指人们在受到挫折后,把意识所不能接受的、使人感到困扰或痛苦的思想、欲望或体验压抑到潜意识中,不再想起,不去回忆,主动遗忘,以保持内心安宁,避免痛苦
投射	把自己的心态、动机、过失责任转嫁到别人身上,说别人有这样的心态、动机、过失责任,以此来减轻内心的窘迫和惭愧之情,类似于"以小人之心,度君子之腹"

2. 调整动机水平化解冲突

研究发现,恰当的奋斗目标,一定是符合自己的智力程度、知识积累和兴趣的,恰当的动机水平能使人长久地保持旺盛的进取热情。如果采取了不恰当的方式增强动机,那么就不利于工作成功完成,从而造成努力失败,引起焦虑、沮丧等不良情绪,丧失信心,产生挫折感。想同时追求两个目标,但实际上是"鱼与熊掌不可兼得",这时就要权衡利弊,分出轻重,追求更有价值的目标。

3. 通过激励解脱自我挫败

自我挫败是指个体追求一个目标或做某件事情之前，就设想了种种困难和障碍，感到无法克服，难以成功而放弃目标。自我挫败实际上是缺乏自信的体现，因此应通过自我激励和获得社会激励来增强自己的信心，鼓起克服困难的勇气，勇敢地付诸行动。

《韧性：寻找压力之下的韧性，在逆境中反弹》

《韧性：寻找压力之下的韧性，在逆境中反弹》一书，由美国艾尔·赛伯特(Al Siebert)博士撰写。艾尔·赛伯特是心理学博士，美国俄勒冈州波特兰市康复中心主任。这本书不是专门为那些患有心理疾病或精神上、感情上受过创伤的人准备的，而是要告诉健康的正常人，如何挖掘和利用与生俱来的潜能，面对急剧的变化，化解无休止的压力。

复原力、弹性、灵活性、韧性——在生活中应对变化和挑战的能力是健康、高效生活的关键。为什么一些人比另一些人更有韧性和复原力呢？这些人又是如何获得这种力量，取得成功的人生经验的呢？《韧性：寻找压力之下的韧性，在逆境中反弹》将通过生动的故事、练习和案例，向读者描述成为具有高复原力者的五个步骤：

1. 保持健康、能量的可持续性，在最糟糕的时期保持积极。
2. 改善你的分析性、创造性和实用性解决问题的技能。
3. 加强你的自尊、自信和自我认同。
4. 开发高复原力者身上具有的特别素质和技能。
5. 磨砺你的“意外发现珍奇”的才能，将不幸和变故转变成幸运和财富。

专题 12　珍 爱 生 命

企鹅的故事

每年的5—6月，雌企鹅会产下一枚蛋，但此时他们身体储存的能量就会消耗殆尽，必须立即返回大海进行捕食。雌企鹅把蛋交给雄企鹅，雄企鹅就会使用育儿袋将蛋包裹起来，承担起孵蛋的责任。在65天的时间里，雄企鹅几乎不会移动，也不会吃什么食物，依靠消耗体内的脂肪来维持生命，直到小企鹅孵化出来。南极的冬季气候恶劣，异常寒冷，雄企鹅们不得不挤成一圈取暖，然后轮流换到中间。小企鹅孵出后，如果雌企鹅还没有回来，雄企鹅会利用喉部腺体的分泌物来喂小企鹅，为了不让企鹅冻死，雄企鹅会把小企鹅放在身体下面，并用一个袋子包住。如果雌企鹅回来再晚几天，小企鹅将有饿死的危险。小企鹅的孕育尚且如此不简单，人类生命的孕育更是如此！学会珍爱生命，既是对自己负责，也是对家人负责。

专题 12.1　生命教育概述

一、生命教育概述

（一）生命教育的概念

生命教育的概念最初是在美国提出的。20世纪60年代，美国青年出现吸毒、自杀、杀人、性伤害等现象，后来一些学者提出了生命教育的概念。生命教育的概念分为广义和狭义两种。狭义的定义是对生命本身的关注，包括个人和他人的生命，从而延伸到所有的自然生命。广义的生命教育是一种全人教育，它不仅包括对生命的关注，还包括对生存能力的培养，以及对生命价值的提升。在这里，我们讲的是广义的生命教育，即在个体生命的基础上，以教育为手段，通过有计划、有目的的教育活动，从生到死的生命过程中，人文、完整地培养生命的意义，引导学生了解生命及其意义，珍惜生命，提高生活质量，追求生命的意义，最终绽放生命的光彩。

一次又一次的生活活动构成了生活的整个过程。生活的整个过程的质量也取决于每一次生活活动的质量，生活教育应该关注每一次生活活动，关心每一次生活活动，从而引导学生更好地尊重生活。体悟生命意义，开发生命，最终在不断自我完善和自我实现的道路上，成为独一无二的自我，发挥最大潜能，从而度过光辉灿烂且有价值的一生。

（二）开展生命教育的重要性

由于我国长期的家庭教育和学校教育一直侧重于应试教育和人才教育，忽视了最基本的生命教育，近年来，高校学生自杀等危机事件频发，最根本的原因是缺乏生命教育。由于对生命教育的忽视，人的生命并没有得到尊重和珍惜，一些大学生在面对困难和挫折时，往往采取偏激的行为来解脱自己，导致生命之花过早枯萎。

高校开展生命教育，不仅是促进大学生全面发展的需要，也是帮助大学生健康成长的迫切要求。意大利教育家蒙台梭利指出："教育的目的在于帮助生命力的正常发展，教育就是助长生命力发展的一切作为。"高校生命教育包括生命意识教育、生命价值教育、生命发展教育，生命价值教育是所有教育的起点和终点。生命教育以和谐发展为最终目标，强调人与客观世界的互相平衡，即要达到人与自我、人与他人、人与集体、人与社会和自然之间的和谐，提高生命质量，促进自我发展，提升生命价值的目标。

二、生命的意义

人的生命包括自然生命和精神生命。一个人对生命意义的认识需要一个过程，当人们了解了自己与他人的关系之后，体验了亲情、友情和爱情之后，就会自觉或不自觉地思考自己与他人、个人与社会的本质关系问题，形成对个体生命、个人与社会的基本观点，这就是世界观、人生观和价值观。对这些问题的思考可谓"仁者见仁，智者见智"，每个人都会有自己的体会和认识。对大学生而言，对生命的认识与态度，确立怎样的世界观、人生观和价值观，将直接影响大学生在校期间的学习与生活，进而影响未来人生的发展轨迹。

（一）生命意义的内涵

生命意义是由奥地利"意义治疗学派"创始人维克多·E·弗兰克尔根据存在主义哲学和自己的亲身经历提出来的。他认为，生命意义是一个多维度的概念，包括一个人对自己存在的原则、统合和目标的认知，对有价值的目标的追求和获得，并伴随有实现感。

后续研究者又根据存在主义及意义疗法的基本原理，对生命意义进行阐释。从内容来看，生命意义主要包含了目标、统合和实现感三个核心特征。生命意义存在于目标追求之中，而统合是指人是由生理、心理和精神三方面需求满足的交互作用以及周围世界的交互作用构成的整体。所谓生理需求的满足也就是生存的需要，心理需求的满足主要指个体有积极的情绪体验，而精神需求的满足是指个体自我感觉有价值，也就是价值感。从结构上看，生命意义是一个多维度的心理概念，由认知、动机和情感三种成分构成。从性质上讲，每个人的生命意义都是独特的，表现出个体差异性。

（二）追寻生命意义的方法

追寻生命意义是生命教育的核心问题。生命的意义就在于生命的存在，个体生命是一个集个体成长、发展和作用于社会的过程，同时也是家族关系传承、繁衍的过程，还是个人与社会相互作用与反作用的过程。每个人在生老病死的自然过程中，在忙于生活、工作和事业的社会竞争中，实现着生命价值的传承与延续。生命的可贵就在于个体生命时间的有限性，而生命的意义正是因为这种有限的生命有着无限的发展和传承。

任何人的生命都是有意义的，因为任何人的生命都是独一无二、不可替代的。调动大学生丰富敏锐的生命感受力,对生命的意义进行多维度思考,才能使他们敬畏生命、尊重生命、珍惜生命,并以积极主动的态度直面生命、担当生命,提升生命的价值。

生命的意义在于奉献

徐本禹,现任湖北省秭归县委副书记。2003 年 7 月,徐本禹本科毕业后志愿到贵州贫困山区义务支教。在两年的时间里,他用行动实践着自己人生的意义。在大方县猫场镇狗吊岩村为民小学和大方县大水乡大石小学义务支教期间,孤独和寂寞并没有把他打败,他坚持用一颗爱心精心栽培和呵护着贫瘠土地上的花朵。他放弃攻读研究生的机会,在山区为当地的贫困家庭和学生支教,他几乎每天都要行走 14 公里的山间小路。2004 年,返回华中农业大学攻读研究生之后,他和志同道合的大学生一起成立了“红杜鹃爱心社”。爱心社在几年的时间里为贵州近 20 所中小学建立了图书室,培训了 90 余名乡村教师。从 2004 年 7 月至 2009 年,他先后筹措捐款 100 多万元,筹集捐赠物资折合金额超 500 万元,全部用于贫困地区教育事业。在徐本禹的感召下,共有 100 多名来自全国的大学生志愿者到那里进行暑期志愿服务,通过他的努力,共有 8 所希望小学(校舍)得到修建。2008 年,汶川特大地震发生后,徐本禹先后 3 次来到绵阳;同年 8 月,他成为一名北京奥运会志愿者。

徐本禹带着纯真的博爱,上山下乡,默默奉献,探寻着人生的意义。在充满名利纷争的环境里,很多人已经不再奢谈理想,他却用自己默默的行动体现人生的价值。能够有益于他人,能够造福于社会,个体微小的生命因之而变得伟大。

萧伯纳说:“青春只有两种结果,腐败或者燃烧。”生命的意义在于追寻,作为大学生应该从以下六个方面来追寻生命的意义。

1. 在学习中思考

通过对生命常识、生命安全、生命伦理、生命幸福、生命价值和死亡哲学等内容的学习,在广泛阅读的基础上,学习优秀榜样、优秀案例,用实际行动来追寻生命的意义。

2. 在生活中体验

每一天都是一个新的起点,用认真的态度来生活,体验生命的意义。

3. 在博爱中诠释

用博爱的胸怀感恩父母、好友、师长、学校和社会,感恩大自然,感恩生命,在感恩中诠释出更为丰富的生命意义。

4. 在创造中开拓

生命的意义在于创造。自然创造了生命,而我们就应该在生活中创造自己的价值,包括自我价值和社会价值,在创造价值的过程中开拓生命的意义。

5. 在痛苦中参透

当我们的生命必须经历挫折、苦难和不幸时,需要去发掘其中的意义,它能激发我们在苦难中体验生命甚至是享受生命的巨大潜力。

6. 在死亡面前领悟

从出生开始，死亡便如影随形。欧文亚隆这样看待死亡焦虑："死亡的焦虑伴随着整个人生，它是人生的背景音乐。"向死而生，才能活出生命意义。面对人生的背景音乐，我们要怎样去活？适度的死亡焦虑，可以让人们更加珍惜自己有限的生命，在有限的生命中实现自己的价值和意义。

弗兰克尔认为，人要获得终极的存在意义，就必须在一定意义上忘掉"自己"，停止消极的自我探索，去积极探索人生的意义。

无翼也飞翔

杨孟衡，在7岁时不幸遭遇高压电击，导致双臂高位截肢，但这并没有把他打败，自此他开始学习用脚写字、练习书法。杨孟衡身残志坚，高考以宜良县文科第一名的成绩居云南省前60名。从"无臂小李阳"到"无翼天使""穿着盔甲的勇士"，再到"中国大学生自强之星"，每一个称号都流淌着杨孟衡坚持不懈的汗水。广东卫视大型纪录片《追梦在路上》将杨孟衡作为标杆性人物，播放其个人纪录片《无翼也飞翔》，讲述其为梦想不懈奋斗的经历，引起了强烈的社会反响。

专题12.2 心理危机及自我识别与调整

一、心理危机概述

(一) 什么是心理危机

危机是指重要的人生目标受到阻碍时的状态，阻碍是指在短时间内无法用常规手段解决困难，在多次解决问题失败的时间段内，会造成持续的混乱和崩溃。心理危机是一种心理平衡的短暂失调，一般发生在个体面临突然或重大的生活事件（如亲人重病或死亡、亲密关系破裂、天灾人祸等），严重时可能引发严重心理障碍。

在个体层面，心理危机是一种对事件和情境的认知或体验，即认为所面临的困难事件或情境超过了现有资源和应对机制。除非来访者获得缓解，否则心理危机有可能会引起严重的情绪、行为和认知功能障碍，甚至导致来访者或他人出现伤害或致命的行为。当危机升级到需要立刻采取措施以避免伤害时，就可能发生紧急行为事件。直接的、有目的的紧急行为事件可以大致分为以下几类：自伤行为、犯下人际暴力行为，以及受到暴力行为的伤害。因失恋引发的自杀或杀人行为就是这类行为的典范。

(二) 心理危机的性质

心理危机具有双重性：即危机与机遇并存，危机可能会造成危险，也可能带来机遇。

心理危机具有复杂性：心理危机的原因可以是生理的，如躯体疾病，也可以是心理的，如失恋;心理危机的来源可以是外部的,如环境的变化和压力,也可以是内部的,如个体生理和心理的变化和要求。

心理危机因个体而不同:相同的诱发事件,针对不同的个体危机的程度会有所不同,与个体的认知、性格、应对能力、过往经历以及诱发当时的心理状态有关。

心理危机难以把握:危机是复杂的、难以把握的,它并不严格遵守一般的因果关系规律。

心理危机有时间规律:一般来讲,心理危机是有时间限度的,最多持续 8 周,在心理危机时段的后期,主观不适应的感觉会明显减轻。

心理危机具有普遍性:心理危机的普遍性是指在特定情况下,人人都有可能处于心理危机之中,发展中的大学生也不例外。

(三)心理危机的发展阶段

心理学研究发现,人们对危机的心理反应一般会经历 4 个阶段。

首先是第一阶段,冲击期。危机事件发生后不久或当时,个体通常会感到震惊、焦虑、恐慌、不知所措。严重的情绪不适会影响个体的正常学习、工作和生活。

其次是第二阶段,心理防御期。个体防御系统在此时起主要作用。个体主观意识想恢复心理平衡,但强大的冲击使个体很难使用常用的应对机制,心理防御如否认、合理化等出现,认知功能、社会功能受损。

再次是第三阶段,问题解决期。个体开始积极主动寻求求助资源,采取各种办法接受现实,想方设法解决问题,社会功能逐渐恢复。

最后是第四阶段,个体成长期。危机具有双重性,危机与机遇并存,危机可能会造成危险,但同时危机也会带来机遇。个体在经历危机后会变得更加成熟,也能掌握到一些应对危机的技巧。

二、大学生心理危机的自我识别与调整

(一)大学生心理危机的主要诱因

大学生心理危机的诱因是复杂的,它不是与某一单一原因或某一单一心理问题一一对应的结果,其影响因素是多样的。有家庭问题(父母离异、家暴等)造成的心理创伤;就业压力(职业迷茫、找不到工作等)引发的心理危机;学业压力(挂科、重修等)引发的心理危机;情感问题(失恋、意外怀孕等)引发的心理危机;经济因素(家境贫困、债务危机等)引发的心理危机,人际关系不良诱发的心理危机;环境适应问题诱发的心理危机等。

(二)大学生心理危机的特点

心理危机是危险与机遇并存的一种状态,并不是所有的心理危机都能安全渡过,不能顺利渡过危机的个体会处在异常状态,出现种种心理问题、心理障碍,严重时会导致杀人或自杀行为的出现。与此同时,心理危机也是一种机遇,因为由之产生的痛苦会促使人们去寻求帮助,从而得到自我成长和自我实现的机会。大学生遇到的心理危机的特征既有普遍性,也有特殊性,一般来说,大学生心理危机的特点主要表现为突发性、易察性和潜在性。

大学生心理危机相对容易发现,主要是因为大学生生活空间有限,主要是在校园内部的教学楼、宿舍、食堂、运动场等场所;接触对象单一,主要是同学、老师和家长。如果学生有异常现

象,较容易被同学、老师发现。心理危机并非以直接爆发的方式体现,而是潜藏于个体内心,当遇到特定应激事件时,才会引发心理危机。

(三)大学生心理危机的自我识别

大学生要关注自己的心理变化,及时察觉自己是否处在心理危机之中。这些变化包括生理变化、认知变化、情绪及行为的变化。

1. 生理变化

当事人会产生疲劳、头痛、心慌、胸闷、失眠、多梦、食欲减退、消化不良等身体症状。

2. 认知变化

当环境发生变化,个体对环境的变化和自身资源进行认知评价,随即出现应激的反应。个体同时对反应的结果也进行认知评价。心理危机发生时很有可能会发生认知失调,比如反应迟钝、记忆力下降、注意力不集中、判断力下降等。

3. 情绪变化

心理危机发生时的主要情绪表现为焦虑、恐惧、抑郁、烦躁不安、担心、害怕,以及愤怒、自责等。

4. 行为变化

伴随应激的心理反应,机体在外表行为上也会发生改变,比如会发生社会退缩、逃避现实、消极的自我关注或破坏性自我攻击等不良现象。

自杀是大学生心理危机最为极端的表现形式,多数自杀者是由于在生活中遭遇困难而产生激烈的内心冲突,陷入危机而不能自拔,难以承受心理压力而产生自毁行为。

知识链接

关于自杀你懂多少?

自杀行为已然成为最严重的公共卫生问题,其不仅使宝贵的生命消失,也给自杀者的家庭成员、亲戚朋友的情感带来沉重打击,并由此形成一系列问题。

世界卫生组织调查数据显示,我国每年有25万人自杀死亡,而有关专家根据医院急诊救治自杀行为者的情况并结合其他信息推论,自杀未遂者每年不低于200万,我国每年因自杀行为导致医疗费用的支出不低于40亿元。

人们为什么会自杀?因为他们常常无法解决自己的问题。在我们日常的生活中,是否也听见过身边想自杀的声音?

(1)不能和想要自杀的人谈论自杀,因为谈论自杀会诱发其自杀的行为?

事实并不是这样。以温和、镇定、接纳的态度与对方交谈,可以让对方重新思考,可以赢得时间来做危机干预。更重要的是,理解、支持和接纳对想要自杀的人来说是非常重要的,他们的苦闷会得到宣泄,他们的情绪会得到缓解。有可能他们会因为这些温暖而留恋世界,把跨出去的那只脚收回来。

(2)把自杀挂在嘴边的人不会自杀。

确实有一些人是这样的,但也有一些自杀者会在发出预警信号后实施自杀。数据显示:

80%的自杀死亡者生前曾发出各种预警信号和语言上的求救信号。当无法辨别对方属于哪一种时,最好的策略是充分重视。

(3)有过一次自杀念头的人总会想自杀。

自杀念头和实施自杀之间有一段长长的路。很多人在遇到一些危机时都曾动过一死了之的念头,但这只是短暂的念头,之后往往会克服危机,重新投入生活。

(4)当一个人自杀行为未遂后,危机就结束了?

答案是不一定如此。应当分为两种情况:一是自杀的目的只是用于胁迫他人,那么在自杀未遂达到目的后,自杀行为就会停止;二是一心求死的个体在自杀未遂后,连续实施自杀的可能性依然存在。对于自杀未遂的个体需要加强关注。

(5)自杀不一定是冲动性行为。

因受到强烈刺激引发强烈情绪诱发的自杀属于冲动性自杀,有些自杀显然是酝酿已久,是在强大理性支配下发生的行为,一般都会有充分的准备和周密的安排。

(6)不是只有严重的抑郁症者才会自杀。

处于抑郁加重、想要摆脱又无力摆脱的抑郁症个体自杀的危险性系数最大。少部分重度抑郁者可能会严重到连实施自杀的动力和精力都没有了。

(四)面对危机时的自我调整

危机是人生的必修课,面对危机,最重要的是要拥抱危机,积极调整自己。面对危机,首先要做到珍爱生命,提高生命责任意识。大学生珍爱他人生命的方式表现在:不怨天尤人,不伤害他人,能与他人和谐共处,遵守与人为善的原则。

大学生面对危机时的自我调整还要掌握情绪调节的一般办法,如合理宣泄、自我放松、认知调整等。大学生在成长过程中不可避免地会遭受挫折打击或情感困惑,如果能够自觉寻找释放途径,减弱或消除不良影响,就能有效抵御心理疾病的侵袭。

大学生在面对危机时要积极寻求社会支持。社会支持是指以个体为核心,由个人和他人通过支持性行为所构成的人际交往系统。和谐的人际关系是建立社会支持系统的基础。统计显示,社会支持丧失是诱发大学生心理危机的最重要原因。在面对危机时要善于寻求社会支持系统的帮助,如跟父母、朋友倾诉,寻求同学帮助等。在遇到应激事件时,来自他人的关心和支持、来自家庭的温暖、朋友的关心等,会让个体感受到关注和支持,从而避免危机的发生。

专题12.3 学校心理危机干预

一、学校心理危机干预概述

(一)学校心理危机干预的内涵

心理危机干预是对处于心理危机状态中的个体或群体采取明确有效的技术性措施,使危机个体或群体心理冲突得到缓解,心理功能、社会功能基本恢复,并获得新的应对技能,以应对未来可能发生的心理危机。高校心理危机干预是指采用心理学专业知识和技能,为处在严重心理冲突状态下的大学生个体或群体,给予及时、专业的心理援助,以帮助他们尽快摆脱危机状态,恢复心理平衡,为学生的健康成长打下良好基础。学校心理危机干预的对象主要是在学校学习的大学生。

(二)学校心理危机干预的意义

在校园危机事件频发的今天,学校开展心理危机干预工作具有重大意义。

1. 弥补教育管理部门的疏忽

长期以来,我国校园在发生各类与师生相关的重大事件时,各教育管理部门往往更注重从教育管理、生命安全、道德和法律的角度来解决问题,往往会忽视事件对学生心理产生的严重影响。大学生心理发展尚未完全成熟,若不能及时进行心理干预,很有可能导致学生产生心理障碍,从而影响学生的健康成长。校园心理危机干预工作的开展能够弥补教育管理部门的疏忽,帮助学生将危机变为转机,将心理伤害降到最低,从而更加健康快乐地成长。

2. 稳定当事人情绪,降低自伤和他伤概率

在危机事件发生时,当事人往往会发生情绪和行为失控,意志力和判断力下降,在此状态下极有可能做出一些伤害自己或他人的事情,严重到自杀或杀人。心理危机干预能够帮助当事人稳定情绪,指导当事人正确应对危机,降低他们自伤或他伤的概率。

3. 帮助当事人尽快恢复心理平衡

人都具有一定的自我修复能力,表现为生理的修复和心理的修复,但往往自我修复需要比较长的时间,甚至会因为危机事件所造成的心理伤害太大而导致无法自我修复。及时、有效的心理危机干预能够将事件对当事人的心理伤害降到最低,并尽可能地帮助当事人恢复心理平衡状态。

4. 提高当事人应对危机的能力

危机事件发生后,当事人的社会功能、心理功能会有一定程度的损害,当事人往往会手足无措。校园心理危机干预人员帮助当事人探索可以利用的替代解决方案,促使当事人积极寻求社会支持,启发形成更多关于应对危机事件方法。

5. 帮助学校尽快恢复正常的管理和运作

校园的和谐稳定离不开及时、有效的心理危机干预。危机事件的发生会在很大程度上影响校园的正常秩序。在学生层面,当危机事件发生后,学生会产生恐慌和无助感;在教师层面,当危机事件发生后,教师管理压力会增大。校园心理危机干预拥有一系列从上至下的专业应对策略,能够快速稳定师生情绪,解决危机,使教学秩序等尽快恢复正常。

二、学校心理危机干预系统

学校心理危机干预系统是指包括预警系统、应急系统和维护系统三部分内容的一套复杂的系统工程。

(一)学校心理危机干预预警系统

心理危机工作重在预防。学校心理危机干预的首要任务就是积极预防在学校管理范围内重大恶性事件的发生。预警系统的主要目标是及早发现高危人群,警惕可能出现的冲突性事件,并对有心理危机倾向的高危个体或人群进行必要的监控和疏导。学校心理危机预警系统主要包括以下工作内容。

1. 建立大学生心理档案

高校需对在校大学生定期进行相关心理普查和测试，建立在校大学生心理档案，并能对测查出的隐患问题学生进行重点关注，对高危人群进行心理访谈，以降低心理危机事件发生的概率。对筛查出来的有严重心理障碍或自杀倾向的学生要及时介入干预。

2. 发挥朋辈队伍的作用

心理健康教育中心的老师不能经常主动地接触学生，辅导员的数量也有限，学生更能够在第一时间了解到周围学生的心理状况。由心理委员、宿舍心理信息员、心理协会等学生队伍组成的心理朋辈队伍，是识别和发现心理问题学生的重要力量。对朋辈队伍进行心理专业技能培训，使得他们有基本能力帮助有心理困惑的同学，及早发现和应对学生心理危机，这样才能充分发挥学生群体在危机识别和干预上的积极作用。学生大多是同龄人，更容易互诉烦恼，互相交流，心理朋辈队伍在与同学的主动接触中运用学到的心理辅导知识和技能，承担起心理问题侦查员、信息反馈员和心理工作先行兵的责任，从而发挥心理危机预警系统的作用。

3. 发挥学校辅导员和班主任老师的作用

辅导员、班主任，以及学校保卫工作人员、宿舍管理员等队伍，作为学生日常生活和学习的管理者、指导者和组织者，与学生的联系最为紧密，也比较能够得到学生的信任。他们都应该接受比较系统的心理危机干预理论与技术的培训，从而成为学校心理危机预警系统的主要组成部分，整体提高学校心理危机预警系统的反应能力。

4. 学校心理咨询教师队伍发挥骨干作用

学校心理健康教育中心是心理危机干预预警工作的核心机构，其中的心理咨询老师是干预工作的骨干力量。心理咨询老师都经过专业培训，持有国家心理咨询师职业资格证。心理咨询老师队伍的预警信息来源主要包括心理热线电话、心理咨询中发现、心理信箱，以及学生心理档案、老师队伍反馈、朋辈队伍反馈等。心理咨询教师队伍作为干预工作的骨干力量，应重视对以上提到的预警力量（朋辈队伍、辅导员、教师、宿舍管理员、校保卫工作人员）的系统培训，提高他们识别心理危机的能力，使之成为有效的心理危机“预警灯”。

（二）学校心理危机干预应急系统

学校心理危机干预的主要目的是降低心理危机和创伤的风险，减少危机或创伤情景的直接和间接严重后果，诱导危机事件中的当事人或群体从创伤事件中恢复。学校心理危机干预需要各种系统的协助，在发生危机事件时，特别是发生重大恶性事件（自杀、暴力、自然灾害等）时，学校的心理危机干预应急反应体系应与负责危机干预的其他系统（教育部门、医院、公安等）进行合作，有目的、有计划、有步骤的相互配合协作，对危机事件当事人进行系统、专业的心理干预，及时有效地为危机事件相关群体（学生、教师）及亲属（父母、亲属）提供心理辅导。学校心理危机干预应急系统人员又分为领导指挥组、专家指导组和专业工作组。

1. 领导指挥组

领导指挥小组成员主要包括教育系统领导、学校负责人、心理健康教育专家等，领导指挥小组主要负责事件现场领导以及心理危机干预的实施，并负责协调与其他危机干预系统（管理、公共安全、交通、卫生、消防等）建立各种关系。

2. 专家指导组

专家指导组是上级心理健康教育部门派往学校危机发生时事故现场的专家工作组，负责指导学校的心理危机干预工作。专家指导组的主要职责是开展技术指导，对现场进行危机干预的人员进行指导和监督，在紧急情况下直接现场干预，评估危机干预的有效性，收集与心理危机干预操作相关的事件信息，最后为上级部门提供与事件相关的心理危机干预专项研究报告。

3. 专业工作组

专业工作组的主要工作人员是学校咨询专职教师，在危机事件现场需设立临时工作小组，确定工作职责，分工合作，确保事件当事人以及现场外围的人或人群都能接受到专业的心理援助和疏导。临时小组的成员包括但不限于辅导员、教师、班主任、学生干部和心理朋辈成员等。

（三）学校心理危机干预维护系统

学校心理危机干预的维护系统，是指在发生重大恶性事件后，对当事人或群体，以及有关的人或群体，提供一种补救和维护的心理干预系统。

维护体系的主要任务是：第一，当发生重大恶性事件时，心理危机干预人员无法到达现场，因此采取事后补救性的心理干预，例如，学生服药自杀未遂，被救后的心理危机干预；第二，危机事件后持续性的心理危机干预，重大恶性事件发生后，对当事人或群体继续跟踪，持续心理干预；第三，在重大恶性事件发生后，对事件相关人员或群体的维护性心理干预，如自杀学生的室友和同学，以及事发现场的相关人员。

有关工作人员应科学区分和识别已经患有较严重精神疾病和心理疾病的学生，及时向更高层次的精神卫生工作部门寻求帮助，或视情况及时向当地专科医院求助。

大学生心理健康教育课程在心理健康教育中发挥主渠道作用，也是维护心理干预的重要手段，在危机事件涉及相关人员众多的情况下，建立心理危机干预维护体系是大学生心理健康教育的重要职责。根据所涉及事件的性质和特点，有针对性地开展心理健康教育团体辅导活动和专题讲座等，帮助不同群体的人了解事件的性质，了解事件对自身心理的影响，学习宣泄技巧，调节心理压力。

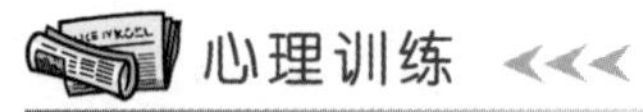

心理训练

生 命 线

画出生命线，思考人生，评价和期待你的人生，体验人生的价值，珍惜你的人生。

练习方法：

(1)准备一张A4纸，在纸的中间，从左到右画一条长长的横线，然后在横线上加一个箭头，让它变成一条有方向的线。然后，在横线的左边，写下数字“0”，在横线的右边，用箭头，写下你自己期望活到的年龄。可以写68，也可以写100。请遵循你为自己设定的生命长度，找出你现在的位置。例如，你计划活75岁，你现在只有18岁，你在线段的三分之一处，留下一个标记。之后，在你的标记左侧，它代表过去几年的一部分，标记出对你有重大影响的事件。在你的坐标线上，标出你生活中想做的所有事情。如果可能的话，试着指出时间。根据他们带给你的快乐和期待的程度，表示在线的上方。如果这是你的挚爱，请在你的生命线顶端用鲜亮的笔和墨水把它填高。当然，在未来的职业生涯中，也会有挫折和困难，比如各种各样的事故，你也可以一个接一个地用黑笔在生命线下方勾勒出来。

(2)大约10分钟后,请与我们分享交流。小组交流,我们分享自己的生命线图纸,并在展示过程中,体验和分享内心的感受。

三、学校心理危机干预的步骤

近些年来,大学生自杀事件已然成为高校非正常死亡的重要原因之一,自杀事件严重影响着校园的和谐稳定。自杀事件是心理危机最为极端的表现形式,预防自杀事件最有效的方式就是对处于危机状态的学生及时进行干预。尽管学生会遇到错综复杂、各式各样的危机,但危机干预工作者(心理健康教育教师)仍可以用相对直接有效的"六步干预法"来处理危机。

第一步:认清问题。从当事人的角度理解和认识当事人目前遇到的问题是危机干预的第一步,即认识心理冲突。

第二步:确保当事人的生命安全。确保当事人的生命安全是危机干预的首要目标。在危机干预的整个过程中,当事人的生命安全应受到足够的重视。

第三步:给予支持和帮助。让当事人相信"这里确实有很关心你的人"已经是迈出了危机干预的重要一步。当事人愿意沟通的意愿往往关系到干预的效果。干预人员通过话语、肢体语言等与当事人进行互动,帮助当事人产生认识上的变化。

第四步:提出可行应对方案。干预人员帮助危机个体探索更适合的解决方案,同时促使其积极主动得寻求支持和帮助。

第五步:制订行动计划。干预工作人员与危机个体共同商议制订出短期计划,根据当事人的应对能力,切实可行、系统地帮助当事人解决问题。制订行动计划要遵循当事人的意愿,让当事人感受到自己的主观能动性。

第六步:得到当事人的承诺。在制订好行动计划后,要确保当事人能够采取确定的、积极的行动,干预人员应该从当事人那里得到诚实、直接和适当的承诺。

心理训练

洞 口 余 生

情景想象,这是一个关于生命意义的心理游戏,不关乎对错,参与者在游戏中感悟生命,认识生命。生活是没有彩排的现场直播,幸运的是,我们现在还拥有青春与健康。应明确自己生命的重要性以及对他人重要性的珍视。

练习方法:

(1)活动说明:室内活动,5~6人一组,每组围成一个圈坐下,尽量紧靠在一起,缩短相互之间的距离,留一个出口;拉上窗帘关上灯以增加气氛,出口最好靠近门或窗。

(2)老师指导语:有一群学生假期到郊外旅游,不幸遇到泥石流倾泻,所有人员全部被困在几米的地下,只有一个出口,而出口随时都有倒塌的危险,谁先出去谁就有生的希望。请每个人说出自己求生的目的及将来可能对社会做出的贡献,然后大家一起协商表决第一个出洞的人,并排出次序。然后全体一起讨论活动过程及自己的感受。

《追寻生命的意义》

《追寻生命的意义》一书由奥地利心理学家维克多·E·弗兰克尔所著。生命的意义到底是什么？这一个让哲学家们苦苦思索的问题，弗兰克尔用他一生的经历给出了答案。在极端恶劣的条件下，一个人被剥夺到只剩自己的身体和心灵，他仍然有自由选择用怎样的态度面对环境的权利，是积极地艰难地利用每一个条件活下去，还是放弃生的欲望，向命运低头？态度的选择，就是唯一的全部的尊严和意义。对妻子的爱以及完成这本书的愿望就是支撑作者活下去的理由，而他也用具体事例告诉读者：在任何情况下，即使是在最悲惨的境遇中，生命始终具有其潜在意义。

本书作者在第二次世界大战期间因犹太人身份，遭纳粹逮捕，在奥斯维辛、达豪等集中营度过了三年艰苦的岁月，这段经历就是他创作这部著作的原因。本书处处流露着坦率和真诚，因为都是刻骨铭心的实录，容不下丝毫欺瞒。读者从书中可以窥知：一个人在恍悟到自己"除了这寒碜可笑的一身之外别无余物可供丧失"之时，会有怎样的表现。

弗兰克尔对生命充满了极大的热情，67 岁仍开始学习驾驶飞机，80 岁成功登上阿尔卑斯山。他认为，生命意义需要人们去探索。在他逝世后，有人这样评价他：英雄稀有，他静静地出现、发光，在世界上留下印记。

◆◆专题13　积极寻求心理咨询◆◆

心理咨询的魅力

某天,公司职工弗雷德心情十分低落。一般情况下,他应对情绪低迷的方法是避人不见,直到坏情绪完全消失为止。但这两天弗雷德需要和他的上司一同举办一场重要会议,必须出门见人,这让他感到非常苦恼。他的好友曾说:“我们会在闲暇时间去健身房锻炼身体、去美容院保养皮肤。但是我们忽略了,心理也需要营养和保养,对自己好一点已经不限制于身体层面了,你的心理同样重要。”猛然醒悟的弗雷德前往心理咨询并带着心理咨询师的建议——假装心情愉悦去参加了会议。在会议上他笑容可掬,谈笑风生。令他惊奇的是,他发现自己果真不再萎靡了!这正是心理咨询的魅力!

在各种压力日益增大的今天,每个人的生活都会遇到烦恼,每个人的心中都会有隐秘的一角,每个人都希望有一个倾诉的对象。遇到心理上的问题和困惑,应该如何面对和解决呢?自己闷在心里?找朋友说说?其实,找专业的心理咨询机构进行咨询,应该是更科学的选择。

专题13.1　心理问题概述

一、什么是心理问题

心理问题是由于个人心理、生理、社会等原因而产生的很多不同类型的心理、情绪、行为反常的统称,表现为个人没有能力遵循社会认同的适宜方式行动,从而其行为导致此人和社会是不相协调适应的,即没有能力融入社会。这种“没有能力”不单单是指个体在认知、情感、意志等方面不相互适应、协调统一,而且将会给个体或他人带来不快。

二、心理问题等级划分

在生活中我们经常能听到这样的问法“这个人是不是(心理)有病”,暗指的是这个人性格古怪,做事不合情理。那到底这个人是否真的具有心理问题呢?存在心理问题就是有心理疾病吗?我们可以通过分析其个体的心理活动来解答此类问题。因为人的心理活动是不可见的,只能通过个人的行为或语言来推测其心理过程,而且心理活动受环境、人际和社会文化关系等多种因素的影响，只有单方面的心理活动异常不能算是心理问题。

事实上，我们可以根据心理活动异常的程度将心理问题划分为不同等级，从健康状态到心理疾病状态划分为4个等级：一级——健康状态、二级——不良状态、三级——心理障碍、四级——心理疾病。若从严重程度来划分，可分为一般心理问题、严重心理问题、心理疾病。

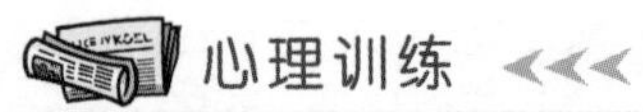

心理训练

寻找优点，创造和谐时刻

现在我们知道，人们内心大部分的不和谐都是由心而起，是因为人们对自我认知不正确所引起的。那怎么样才能让自己保持和谐平稳的心态呢？科学实验证明：人们应该远离悲观的思想、焦虑、害怕和其他的各种不良因素，乐观地面对自己的缺点，且不断发现自己的长处以平衡并保持持久的和谐。现在让大家一起来寻找自身的优点吧。

①在哪些方面上，你喜欢自己？尽管它们可能十分微小或者转瞬即逝？

②你认为自己有哪些积极的品质？

③你曾有过什么成就，让你感觉很骄傲？尽管它们可能看起来微不足道？

④你曾面对或接受过什么挑战？

⑤你认为自己有哪些天分或者才智？

⑥你具备什么方面的技能（包括工作技能、社交技能、学习技能等）？

⑦其他人喜欢或常常夸奖你的哪些方面？

⑧他人有什么让你欣赏的品质和行为在你身上也存在？

⑨你没有哪些缺点？

⑩一个关心你的人会怎么评价你？

知识链接

“病”与“非病”三原则

在医学界和心理学界有一个公认的“病”与“非病”三原则，可以作为判断个体是否存在心理疾病的原则。

第一，主观与客观相统一的原则。心理是客观实际的反映，任何正常心理活动和行为，必须在形式和内容上与客观实际保持一致性。

第二，心理活动的内在协调性原则。人类的精神活动虽然可以分为知、情、意等部分，但它自身是一个完整的统一体，各种心理过程都具有协调一致的关系，这种协调一致性保证人在反映客观世界过程中的高度准确和有效。

第三，人格的相对稳定性原则。每个人在自己长期的生活经历中都会形成自己独特的人格和心理特征。这种人格特征一旦形成，就具有稳定性。它总是以自己的相对稳定性来区别一个人与其他人的不同。如果在没有明显外部原因的情况下，这种个性的相对稳定性出现问题,我们就要怀疑一个人的心理活动是否出现异常。比如,平时开朗外向的人,突然沉默寡言,孤僻不接触人,如果我们在他的生活环境中找不到足以促使他发生这样改变的原因,我们就可以说他的精神活动已经偏离了正常轨道。

三、大学生常见的心理问题

(一)环境适应不良

大学新生入学以后,来到了新的环境,对周围的一切都不十分了解,没有了父母的呵护,原有的生活模式被打破,他们或多或少地会产生心理不平衡,出现一些不良情绪反应,比如抑郁、孤独、焦虑、紧张等。有些人可能会出现一些不良行为或身体方面的不适,如逃避、独来独往、生活能力减弱,甚至出现腹泻、消化不良等身体反应。

存在入学适应问题的大学新生通常有以下一些表现:

①不好的情绪反应:如抑郁,产生孤独感、焦虑、紧张等。

②行为障碍:如迟到、早退、旷课、逃学甚至离校出走等。

③身体不适:如腰酸背痛、消化不良等。

④社会性退缩:如逃避现实、独来独往、学习效率低下、生活能力减退等。

(二)学业压力

大学生的主要任务是学习,要在有限的时间内完成繁重的学习任务,学业心理压力很大。同时在大学评奖评优的体制中,学业成绩是作为一个重要的评判标准,这让他们更加重视学业。因此,在大学生群体中,学习压力相关的心理和行为问题,如厌学、注意力不集中、考试焦虑等,引起了大家的重视。

存在学习心理问题的大学生通常有以下一些表现:

①学习压力大导致出现紧张、焦虑、无力感等消极情绪反应。

②厌学:缺乏学习兴趣与动机,违反课堂纪律、迟到早退、旷课逃课。

③注意力不集中:上课做小动作,做作业拖拉,无责任感、无时间观念。

④考试焦虑:考前容易产生焦虑心理,影响考试发挥,一旦成绩不理想则容易自我否定。

⑤学业不良:学习方法不当导致学业不良。

⑥自我控制能力差:学习、生活无自制性。

(三)人际失调

良好的人际交往可以调节不良情绪,对于维护人的心理健康具有相当重要的意义。不知该如何处理自己与他人的人际关系是大学生常见的心理问题之一,其主要表现为不敢交往、不愿交往、不能交往等症状,如果不及时处理甚至会发展成为心理疾病,如社交恐惧症、焦虑症等。

存在人际交往问题的大学生通常有以下一些表现:

①恐惧自卑心理:它表现为在与人交往时,缺乏自信。在面对大众场合时感到紧张、害怕,说话语无伦次,不敢表达自己的想法,甚至害怕见人。

②嫉妒心理:嫉妒包括忧惧、悲哀、失望、愤怒、敌意等不愉快情绪。在这个充满竞争的时代,竞争可以使人奋发向上,也可以让人产生嫉妒心理。嫉妒的结果,轻则使自己闷闷不乐、无

心向学,重则心烦意乱、无法释怀,甚至产生陷害他人的想法。

知识链接

怎样避免成为不受欢迎的人

在人际交往中,具有以下行为的可能会成为不受欢迎的人。

①被视为最讨厌的人:经常向别人抱怨,但对别人的问题从不感兴趣,不上心。

②只谈论一些鸡毛蒜皮的小事,经常唠唠叨叨。

③言语单调,喜怒不行于色,对待任何事情都不作回应,采取冷漠的态度处理。

④在任何社交场合中,不参与活动,也不主动与别人沟通,独来独往。

⑤满口狂言,语气浮夸粗俗。

⑥过度以自我为中心,不断向别人述说自己的生活琐事,夸耀自己的经历。

⑦一味取悦别人,以博得别人的好印象。

(四)情绪调控问题

由于阅历较浅,社会经验不足,大学生自我控制能力和情绪调控能力相对较弱,不能积极有效地进行自我调控,遇到事情容易冲动,心情易受外界影响。对生活中遇到的问题,很多大学生的看法都比较狭隘,眼光看得不够全面,常常会胡思乱想,容易出现各种各样的心理矛盾。他们很容易为一次小考失利而一蹶不振,由此导致心理和行为偏差。

存在情绪调控问题的大学生通常有以下一些表现:

①爱发火:会因为一些小事发火,控制不住自己的脾气,事后经常后悔,导致人际关系紧张。

②喜欢生闷气:这是极具有破坏力的情绪,如在精神上折磨自己、将无用的怨恨留存心中。无意间还可能拒绝与他人的交往,进一步破坏人际关系。

③情绪大起大落:高兴时兴奋不已,下一秒便觉得委屈难过或翻脸无情,出口伤人。

知识链接

控制生气的8条措施

①时刻提醒自己,别人有权利选择他自己的事情,每个人都是平等的。

②当遇到必定要生气的时候,试着缓10秒再爆发。

③要避免做事冲动,在使用手段前先思考这样做会带来什么后果。

④当意识到自己要发脾气时,可以给自己一点心理提示:此刻我该控制自己的情绪了。

⑤找一个你信任的人,请他在你无法自控时及时提醒你。

⑥生气的时候反省自己为什么要生气。

⑦在你生气的前几秒钟,判断一下自己是什么感受,并猜测对方是什么感受。

⑧在自己头脑冷静的时候,跟最常挨你骂的人将心比心地谈一谈。

(五)恋爱与性心理问题

大学生目前正处于青春期这个阶段,困扰着大学生的几乎都是关于恋爱与性心理的问题,主要表现在以下几个方面:

1. 不良情绪反应

①性焦虑:因为性心理的矛盾冲突或者种种不适应引起的焦虑。

②性冲动困扰与苦恼:在面对性方面的问题时,很多学生都因为不知道如何宣泄而感到困扰。一方面具有性的冲动,但另一方面又对性进行否定与批判。

③"性自慰"的罪恶感:一方面以自慰的方式宣泄性冲动,另一方面又会因自己的举动而对自己产生罪恶感。

2. 性与恋爱认知的偏差

①对性认知的偏差:对两性交往抱着"玩一玩"的心态,缺少责任感;对性具有恐惧感或是将爱与性割裂开。

②对恋爱认知的偏差:部分大学生把恋爱看成是比生命还重要的事情,一旦失恋就感觉是天塌下来了,并由此产生心理问题。

3. 行为障碍

①两性交往的不适:在青春期阶段,大学生接受的性教育不多,不知应该怎样跟异性交往,在异性面前表现得很拘谨、小心,甚至产生恐惧和压迫感。

②行为不稳定性,耐挫力弱:大学生正值青春期阶段,情绪容易波动,生活经验不足,缺少处理感情纠纷的能力,一旦恋爱失败就容易陷入悲伤难以走出,更甚者还有自杀的倾向。

失恋案例报告

小利(化名),女,20岁,大学二年级学生,成长于教师家庭。从小到大父母对她的要求都很严格,明确跟她说过读书期间不允许谈恋爱。谁也没料到,在大二的上半学期,小利疯狂地爱上了一位男生。

这位男生学历没有小利高,但他长得非常帅,喜欢唱歌又爱笑,是一个非常乐观的人,小利不知不觉就喜欢上了他,并且主动追求对方。舍友们跟小利再三强调过他俩不般配,小利也想起父母的要求,便尝试停止对他的爱恋,但是越是这样就越感到对他的爱与日俱增。

很快,他们就进入了热恋期。但是确定关系之后,小利慢慢感觉自己并没有像当初那样那么喜欢他了,甚至很讨厌他,但由于"一诺千金"的道德观念影响,小利并没有向对方提出分手。这导致了每次约会小利总是将不满的情绪发泄在对方身上,几次之后,对方开始不理睬小利。这时小利却发现几天不跟他约会让人非常痛苦,于是小利又主动找他和好,反反复复几次之后,对方终于提出了分手:"虽然我很爱你,但是我实在受不了这种反反复复、变化无常的折磨了!"失恋后,小利整天情绪低迷,失魂落魄。

(六)求职及择业问题

就业问题对大多数大学生而言是一个相当严峻的问题。当代很多大学毕业生感叹:"都说我们这代人很幸福,赶上了好时代,没有战争,没有灾荒,生下来就赶上温饱过上小康。但我们自己知道我们的悲哀——就业是我们最大的难题,房子是我们一生的包袱。"

目前,社会上很多大学生因为对自身专业的认识不够深入,导致对自己所学专业的就业前景没有很明确的了解,甚至可以说是对本专业的发展领域缺乏必要、科学的了解。这些原因都在一定程度上导致了大学生在职业选择上的盲目性,如就业求职从众、从热心理突出或对公务员情有独钟,或非国企、外企不进,或死守"北上广",基本不肯去适合自己专业和自身条件的地区工作。其中,突出的问题有三方面。

1. 自我目标的缺失

大部分的大学生在高考之前唯一的目标就是努力学习,高考拿到好成绩,上个好大学,很少会考虑实际情况以及个人的需要。而在实现目标进入大学后,他们又因为对自己不了解、不知道自己能做什么等种种原因陷入迷茫或者是对自己的兴趣、个性、价值观了解得不够充分,对自己的专业和职业生涯缺乏有效的规划。

知识链接

目标是前进的方向

黑驴与白马是两小无猜的好朋友。唐僧邀请他们一同前往西天取经,黑驴因为不想离开家乡拒绝了邀约,白马却跟唐僧上路了。

17 年后,白马载誉归来,向黑驴讲述自己在取经途中惊心动魄的经历,黑驴很羡慕。白马说:"其实我俩这么多年走的路程是一样多的,只是我心中一直怀有去西天的梦想,所以才过得如此精彩;而你却什么都不想,所以时间都用在原地转圈了。"

黑驴听了感受颇深甚至哭了,不是因为 17 年前没有目标,而是因为他到现在都还不知道自己想要什么,自己应该做什么。

2. 主体意识淡薄

多数大学生从小到大都是听家里的安排,没有足够的时间去摸索自己的兴趣和爱好。因为从小学、初中、高中到大学都是按部就班走过来的,很少主动探索和独立思考自己人生道路发展的问题,而且与社会也没有过多的接触,能够获取职业生涯的各种信息也很少,甚至有许多大学生直接照搬别人的经验和做法,为自己所用,不去思考别人的方法是否适合自己的实际情况。

3. 期望值过高

一些大学生在择业过程中存在"眼高手低"的问题。他们不愿意到条件艰苦的欠发达边远地区去工作,也不肯去新兴起的行业、服务业中的基层单位去工作,而是追求一些大城市、大企业、大机关,追求高收入和高福利单位。

专题 13.2　心理咨询概述

为什么有些人见到陌生人永远没法开口讲话?为什么开朗爱笑的人会突然想不开?为什么越来越多的大学生他们的世界变成了单一的颜色?……在当今物质生活充裕的时代,心灵的探讨已成为一门十分重要的学问,因为人类最大的敌人不是灾荒、饥饿、贫困和战争等,而是我们的心灵自身。

大学生作为一个特殊的群体,正处于人生的过渡阶段,他们每天要面临的不仅有学习的压力、就业的压力,还有亲情、友情、爱情等因一些小情绪而引发的各种矛盾。如此一来,一些关于心理健康的问题日益显现,这些问题也引起了媒体和公众的广泛关注。因此,在大学生中普及和推广心理咨询和心理治疗的知识,对大学生进行心理健康教育,让大学生对心理健康有所认识以及提高大学生的心理健康水平,势在必行。

一、什么是心理咨询

心理咨询,这是一个涵盖面非常广的定义,除了心理健康咨询外,还包含其他方面,如涉及职业指导、教育、婚姻家庭等的咨询。并且心理咨询有狭义和广义之分,从狭义来看,专业心理咨询是由受过专业训练的咨询员利用自己所学的关于心理的专业知识以及心理学方法,帮助咨询者了解自己,引导其适应周围环境,与社会和谐相处,发挥自己所长,接纳自己的不足,成为一个活在当下、对社会有用的人。从广义来看,心理咨询是为了促进人的全面发展,让来咨询的人在通过咨询后,学会面对难题、解决难题,在今后的生活中能够积极、全面地发展自己的人生。心理咨询是一门使人愉快和成长的科学,它的主要的作用在于它对个体的人格塑造、潜能开发以及全面发展具有引导和促进功能,它的终极目的是助人自助。

二、心理咨询的主要对象

不少同学有心理问题不知去哪里求助,找谁才能解决问题,错误地认为如果自己做心理咨询,就说明自己得了心理疾病。但在生活中,每个人都会面临压力,都会有各种各样的困惑和负性情绪,都容易产生各种心理问题。心理问题就像“心理感冒”,人人都有可能遇到。但如果不及时治疗,“感冒”就会变得严重,发展成“肺炎”或出现其他疾病。所以,当一个人有了压力或负性情绪时,应及时寻找解决途径,尽量避免患心理疾病。反之,如果压力和负性情绪积累多了,则影响一个人的健康,就会出现心理上的“亚健康”,并逐步发展成心理疾病。

可以肯定的是,以上患“心理感冒”的人们可以进行心理咨询,而且,即使是一位正常人,也是可以踏进心理咨询室的大门的。综上可知,心理咨询的对象广泛存在,健康人群或存在心理问题的人群都属于心理咨询的对象。

其中,学校的心理咨询主要是面对在校学生群体成长中出现的心理问题,主要解决的是正常人在生活和学习中遇到的心理问题。在学校心理咨询过程中,如果鉴别和诊断出来访者有心理疾病,就会介绍其到有关医院及时进行治疗。

心理咨询,助力成长

他轻轻推开咨询室的门,用怯生生的试探性口吻问:“老师有没有时间?我想跟你聊一聊。”

他叫明明,大学一年级学生,毕业于农村的一所普通高中。他在高中深受老师同学的喜爱,和同班一位女同学也有一段情投意合的感情。高考因发挥失常考进了一所非他所要的高校,但以前比他成绩差的同学考进了更好的院校,这让他心里不快。进入大学后,他发现自己失去了在高中时的优越地位,学习成绩不算优秀,尤其是计算机和英语学起来非常吃力,尽管他已经很努力了。不仅如此,其他方面也是不如人意。例如,穿衣打扮不如别人好看、没有才艺、说话不如别人有趣等等,他因此产生了严重的自卑感。在人际交往方面也很失败,进校一年了没有交到一个知心朋友,与高中同学的联系也因为自卑感而越来越少,那个跟他感情很好的女生也逐渐失去了联系。种种不如意让他非常郁闷,也让他变得越来越敏感消极。他不想糊糊涂涂地结束本该五彩缤纷的大学,所以来咨询站寻求帮助。

在咨询站进行的两次交谈间,老师和明明一起明确了他的自卑心理来源于自我认识和自我评价的不恰当。为此,在第三次的交谈中,主要从以下三个方面来解决他所遇到的问题。

第一,共同探讨他所处的困境,如何摆脱这种困境。很明显,他的个人情绪给他的学习及生活都带来了负面影响,并且带偏了他对学习、生活的认知。例如,大学生穿着如何才算好看,该如何对待生活中的困境与挑战等等,鼓励他用积极的心态去迎接挑战并享受其中的过程,学会客观地评价自己和他人。

第二,鼓励他在困境中运用一些积极的自我暗示。

第三,学会积极与他人交往,融入新的集体生活。

通过多次咨询,明明慢慢调整过来,在心理状态、学习状态、人际关系方面都有了很大的改善。

三、心理咨询分类

(一)以咨询内容分类

1. 发展咨询

随着社会的不断更新发展和社会发展的需求,人们对于自己的生活要求不仅仅只是解决温饱问题,并且逐渐把注意力放在如何提高学习和工作能力、保持最佳工作状态、如何适应社会环境、如何处理人际关系等关于提高生活质量的方方面面。因此,发展性的心理咨询也就应运而生。发展性心理咨询不仅可以帮助人们挖掘心理潜力,还可以让咨询者提高自我认知能力。当个人感到自我认识出现偏差或障碍时,可以通过心理咨询得以释放。

青年大学生发展性心理咨询常涉及以下内容:青春期身心发展的不平衡、社会环境适应问题、性心理知识咨询、男女社交关系问题、成就动机与自我实现性问题、情绪调控问题等等。

2. 健康咨询

健康心理咨询的对象指的是那些因为一些情绪刺激而引起心理状态紧张的人,并且在躯体或情绪上起明显反应的困扰者。凡是生活、工作、学习、家庭、疾病、康复、恋爱等方面所出现的心理问题,一旦求助者体验到不适或痛苦,都属于健康心理咨询的工作范围。其内容大致如下:

①情绪障碍,如焦虑恐惧、抑郁悲观等。

②各种不可控性的思维、意向、行为、动作的解释。

③各类身体疾病,如冠心病、高血压病、支气管哮喘、溃疡病等,以及性功能障碍。

④长期慢性躯体疾病,治疗时间长,对治疗效果不满意并且丧失治疗信心,因而需进行心理上的治疗的病人。

⑤精神病康复期求助者的心理指导等等。

(二)以咨询规模分类

1. 个体咨询

个体咨询是指心理咨询师与来访者一对一地进行心理辅导。它着重解决来访者的个人心理问题,这是目前最常用的咨询形式。一对一的咨询方式,不仅化解了来访者对于第三者在场所处的尴尬——无法坦言并快速建立信任,而且更大程度地保护了来访者的个人隐私。

2. 团体咨询

团体咨询,又叫团体心理辅导,旨在提供团体情景并向团体来访者同时提供心理帮助和指导。通过团体内每个人的相处以及角色的相互作用,促使个人在交往中观察、学习、认识自我,从而调整和改善与他人的交往方式,促使个人提高生活适应能力,全面地发展个人。在我们的日常生活中,为了提高小组成员默契以及处理事情的效率,很多都会选择进行团体咨询。如在汶川大地震后政府组织了很多心理咨询师前往灾区开展团体心理咨询指导。

(三)以咨询形式分类

1. 门诊咨询

面对面的咨询,它能及时对来访者进行各类检查、诊断,及时发现问题并做出处理,是最主要也是最有效的形式。

2. 电话咨询

利用电话给来访者进行咨询,多用于危机干预事件,目的在于防止心理危机导致的恶性事件如自杀等情况发生。

3. 互联网咨询

心理咨询师借助互联网,运用相关的软件程序来帮助来访者分析解决问题,其优点在于可以突破地域限制以及能够快速有效地进行评估。

《积极心理学:探索人类优势的科学与实践》

C. R. 斯奈德和沙恩·洛佩斯是积极心理学的开创者。由他们撰写的以如何应用积极心理学来提升人们相互协作的生活方式、发展个人优势、增进幸福感和建立丰盛的人际关系为主题的《积极心理学:探索人类优势的科学与实践》被社会认为是目前最具权威性的积极心理学著作。这本书将积极心理学科学与生活实际相结合,全面地总结了大量的文献,精心设计了练习和专栏,鼓励读者将积极心理学原理应用于实践。这本书近年来在该领域具有里程碑式意义,这部具有权威的教科书中译本的出版,对我国积极心理学的发展具有重大的推动作用。

积极心理学已经变成中国的一个时尚概念。从百度上的点击数据来看,2009 年前是没有多少人去关注积极心理学的,从 2009 年开始,有关积极心理学的点击量逐渐增多。直到 2010 年清华大学举办的第一届中国国际积极心理学大会,随后有关积极心理学的点击率突飞猛进,甚至达到了一个高峰。从 2010 年到 2019 年,中国国际积极心理学大会已经成功举办了五届,积极心理学也正在不断引发关注热度。积极心理学在中国的未来一定是很美好的,因为它能让我们认识到人性的积极,懂得幸福的含义,最重要的是学习到如何追求幸福的方法。

参考文献

[1] 崔晓星,刘霞.大学生心理健康教育开启心门的金钥匙[M].吉林:吉林大学出版社,2012.

[2] 程玮.大学生心理健康教育[M].武汉:武汉大学出版社,2012.

[3] 王凤姿,吴伟雄.大学生心理健康教育[M].北京:化学工业出版社,2009.

[4] 何静春,袁一平.大学生心理健康教程[M].北京:化学工业出版社,2015.

[5] 罗桂全,黄金来.大学生心理健康教育[M].北京:高等教育出版社,2011.

[6] 邱鸿钟.大学生心理健康教育[M].2版.广州:广东高等教育出版社,2012.

[7] 张信容.当代大学生心理健康教育[M].北京:中国铁道出版社,2011.

[8] 李欧,杨鹏瑜.大学生心理素质训练[M].武汉:武汉大学出版社,2017.

[9] 郭大伟.从心修炼:个人生存心理调节术[M].北京:兵器工业出版社,2000.

[10] 王凤姿,赵玲,周伟川.大学生积极心理品质培育[M].北京:北京工业大学出版社,2016.

[11] 吴建玲.大学生心理健康与心理素质训练[M].广州:华南理工大学出版社,2007.

[12] 马立骥.大学生心理健康教育与实训[M].杭州:浙江大学出版社,2012.

[13] 贾晓明,陶勑恒.大学生心理健康:走向和谐与适应[M].北京:北京理工大学出版社,2011.

[14] 郑日昌.大学生心理健康——自主与自助手册[M].北京:高等教育出版社,2007.

[15] 文书锋,胡邓,俞国良.大学生心理健康通识[M].北京:中国人民大学出版社,2010.

[16] 罗纳德·B·阿德勒,拉塞尔·F·普罗科特.沟通的艺术:看入人里,看出人外[M].15版.黄素菲,李恩,王敏,译.北京:北京联合出版公司,2018.

[17] 赫云鹏,武慧多,石梦良.大学生心理健康发展指导[M].武汉:武汉大学出版社,2013.

[18] 武月刚.大学生心理健康[M].北京:航空工业出版社,2010.

[19] 赵瑞芳.大学生心理健康——和谐港湾[M].北京:北京航空航天大学出版社,2012.

[20] 叶奕乾.普通心理学[M].3版.上海:华东师范大学出版社.2008.

[21] 杨丽华,吴忠义,卢考.论体育健身理论的心理科学基础——兼谈“健身心理学”的构建及与“体育心理学”“运动心理学”的关系[J].体育学刊,2000(2):21-22+25.

[22] 保罗·H.詹金斯.积极心理学:处处有转机[M].魏波珣子,译.北京:九州出版社.2017.

[23] 陈善平,张秋君,李淑娥.太极拳教学对大学生A型行为的影响[J].中国体育科技,2005.(2):93-95+106.

[24] 青春.二十四式太极拳对大学生A型行为影响的教学实验研究[D].内蒙古:内蒙古师范大学,2006.

[25] 新华社.中共中央国务院印发《“健康中国2030”规划纲要》[EB/OL].(2016-10-25)

[2019-06-15]http://www.gov.cn/zhengce/2016-10/25/content_5124174.htm.
[26] 林崇德.发展心理学[M].北京:人民教育出版社.2009.
[27] 宝彩有菜.活得累,学冥想[M].落沙,译.北京:中华工商联合出版社,2013.
[28] 壹心理翻译社.你不知道的21个拥抱好处[EB/OL].(2017-06-07)[2019-06-15]https://www.xinli001.com/info/100369769.
[29] 杨素华,孙新红.大学生积极心理培养[M].济南:山东人民出版社,2014.
[30] 陈珩.大学生心理健康教育——心理课堂[M].北京:化学工业出版社,2010.
[31] 王士永.大学生恋爱情感冲突与应对方式的调查研究[J].中国林业教育,2015,33(05):5-8.
[32] 李曲生,林喜红.高职生心理健康教育[M].广州:华南理工大学出版社,2012.
[33] 卡尔(Carr,A.).积极心理学:有关幸福和人类优势的科学[M].2版.丁丹,等,译.北京:中国轻工业出版社,2013.
[34] C.R.斯奈德,沙恩·洛佩斯.积极心理学[M].王彦,席居哲,王艳梅,译.北京:人民邮电出版社,2018.
[35] 融智.情绪控制方法[M].北京:中国华侨出版社,2018.
[36] 夏苏末.北大情绪掌控课[M].北京:民主与建设出版社,2015.
[37] 卡尔(Carr,A.).积极心理学:关于人类幸福和力量的科学[M].郑雪,等,译校.北京:中国轻工业出版社,2008.
[38] 克里斯托弗·彼得森.打开积极心理学之门[M].侯玉波,王非,等,译.北京:机械工业出版社,2010.
[39] 胡义秋,朱翠英.积极心理 幸福生活——大学生幸福教育[M].长沙:湖南师范大学出版社,2018.
[40] 游永恒.大学生心理咨询案例集[M].成都:四川大学出版社,2005.
[41] 高燕,李兆良.论提升大学生心理韧性与应对网络成瘾的发生[J].吉林省经济管理干部学院学报2009,23(3):115-117.
[42] 泰勒·本-沙哈尔.幸福的方法[M].汪冰,刘骏杰,译.北京:当代中国出版社,2009.
[43] 金灿,崔文香.大学生心理韧性的影响因素与提升策略[J].教育与职业,2009(11):76-77.
[44] 李义安,李清.积极心理学视野下学业不良大学生心理韧性的提升策略[J].当代教育论坛(管理研究),2011,10:35-38.
[45] 张海涛,丁晓.阳光·梦想:大学生健康心理导论[M].北京:航空工业出版社,2014.
[46] 霍尔(Hall,K.S.).弗洛伊德心理学与西方文学[M].包华富,译.长沙:湖南文艺出版社,1986.
[47] 姚本先.大学生心理健康教育[M].2版.合肥:安徽大学出版社,2015.
[48] 高兰,赵慧勤,宋明刚.大学生心理健康教育:心灵成长自助手册[M].北京:教育科学出

版社,2015.
[49] 谭德礼,江传月,谢华汉.大学生心理健康教育教程[M].北京:高等教育出版社,2014.
[50] 明宏.心理健康辅导个体辅导[M].北京:世界图书出版公司北京公司,2005.
[51] 齐晓颖,刘立伟,赵婷.积极心理学在高校思想政治教育工作中的功能及其实现[J].学校党建与思想教育,2014(08):61-63.